Klaus G. Saur (Hg.) · Widerstand im »Dritten Reich«

Widerstand im »Dritten Reich«

Kolloquium an der Staatsbibliothek zu Berlin im Mai 2014

Herausgegeben von
Klaus G. Saur

KlostermannRoteReihe

Redaktion: Gwendolyn Mertz

Bibliografische Information der Deutschen Nationalbibliothek

Die Deutsche Nationalbibliothek verzeichnet diese Publikation in der Deutschen Nationalbibliografie; detaillierte bibliografische Daten sind im Internet über *http://dnb.dnb.de* abrufbar.

Gedruckt auf Alster Werkdruck der Firma Geese, Hamburg, alterungsbeständig ∞ISO 9706 und PEFC-zertifiziert.
Satz: post scriptum, www.post-scriptum.biz
Druck und Bindung: Wilhelm & Adam, Heusenstamm
Printed in Germany
ISSN 1865-7095
ISBN 978-3-465-04254-9

Inhalt

Einleitung
Widerstand im »Dritten Reich«

Am 19. und 20. Mai 2014 führte der Verein »Freunde der Staatsbibliothek zu Berlin e.V.« ein Kolloquium zum Thema »Widerstand im ›Dritten Reich‹« durch.

Auf dem Symposium referierten herausragende Zeitgeschichtler zu Widerstandsthemen wie »Der Widerstand als Hochverrat«, »Der kommunistische Widerstand«, »Der Christliche Widerstand«, »Die Zukunft des Gedenkens an den Widerstand«, »Die Emigration als Element des Widerstandes«, auch Biographisches zu Sophie Scholl und zur »Weißen Rose« oder auch zu Dietrich Bonhoeffer wurde behandelt.

Es gibt mehr als gute Gründe, dass dieses Thema umfassend in der Staatsbibliothek zu Berlin behandelt wird. Zum einen besitzt die Staatsbibliothek wertvolle und bedeutende Dokumente und Forschungsquellen. Der Nachlass Dietrich Bonhoeffers konnte – auch auf Grund einer erheblichen Unterstützung des Freundeskreises der Staatsbibliothek – beachtlich erweitert und komplett restauriert werden, er wurde außerdem elektronisch erschlossen. Dieser Nachlass ist unter mehr als tausend Nachlässen in der Staatsbibliothek der wohl am meisten frequentierte, mit starker internationaler Benutzung. Auch Nachlässe von Persönlichkeiten, die sich dem »Dritten Reich« mehr oder weniger anpassten, wie Gerhart Hauptmann, Wilhelm Furtwängler oder Gustaf Gründgens, sind mit durchaus bedeutenden Materialien vertreten. Zum anderen ist auch ein beachtlicher Bestand an Tarnschriften aus dem »Dritten Reich« in der Bibliothek vorhanden, ebenso ein Flugblatt der »Weißen Rose«.

Schon kurz nach der Machtübernahme Hitlers am 30. Januar 1933 entwickelte sich in Deutschland ein organisatorisch und politisch vielschichtiger Widerstand, der jedoch langfristig gesehen am Macht- und Terrorapparat des nationalsozialistischen Staates scheiterte. Auch in der Bevölkerung hatte er keinen ausreichenden Rückhalt.

Es hat zahlreiche Beispiele des Widerstandes gegeben, die Aktionen der »Weißen Rose«, der 20. Juli, die Organisation *Rote Kapelle* oder auch Einzeltäter wie Georg Elser, die mit ihrem Leben für ihren Einsatz im Widerstand bezahlen mussten. Es entstanden überall in Deutschland kleine, im Untergrund arbeitende Widerstandsorganisationen, die sich im Besonderen auf die Verbreitung illegaler Publikationen, vor allem Zeitschriften, aber auch Flugschriften oder Tarnschriften verlegten. Bereits im Mai 1933 wurden die Gewerkschaften in Deutschland komplett zerschlagen. Dann übernahm Wilhelm Leuschner, ein führender Vertreter der sozialen Arbeiterbewegung, die Führung der gewerkschaftlichen Widerstandsgruppen im Untergrund.

Auch in den christlichen Kirchen entwickelte sich Widerstand angesichts der Bestrebungen des Nationalsozialismus, im totalitären Zugriff auf den einzelnen Menschen seine rassistische, atheistische Ideologie zur alleinherrschenden Weltanschauung zu machen. Doch auch dieser Einsatz blieb in seiner breiten Wirkung begrenzt.

Im Jahr 2013 fand ein Symposium zum Thema »Selbstbehauptung, Anpassung, Gleichschaltung, Verstrickung« mit dem Untertitel »Die Preußische Staatsbibliothek und das deutsche Bibliothekswesen 1933 bis 1945« statt. Auch zu dieser Veranstaltung erschien eine Veröffentlichung mit allen Vorträgen, die auf dem Symposium gehalten wurden.

Im vorliegenden Buch versuchen wir, zu einigen Themen neuere Erkenntnisse zum Gesamtkomplex »Widerstand im Dritten Reich« zu liefern. Ich danke den Beiträgern Andreas Heusler, Wolfgang Huber, Hildegard Kronawitter, Hans Maier, Georg Ruppelt, Martin Sabrow, Peter Steinbach und Jürgen Zarusky, dass sie ihre Beiträge zur Veröffentlichung zur Verfügung gestellt haben.

Klaus G. Saur — München, den 13. April 2015

Wolfgang Huber

Dietrich Bonhoeffer – das theologische Profil seines politischen Widerstands

Unter den Theologen, die am Widerstand gegen das NS-Regime beteiligt waren, ist Dietrich Bonhoeffer auf evangelischer Seite am bekanntesten geworden; auf katholischer Seite ist insbesondere Alfred Delp zu nennen. Über Bonhoeffer zu Beginn eines Kolloquiums zum Widerstand im Nationalsozialismus zu sprechen, liegt nicht nur nahe, weil wir uns im Dietrich-Bonhoeffer-Saal des Hauses in der Potsdamer Straße versammelt haben, in der Nähe von Alfred Hrdlickas mächtigem Porträtkopf; nahe liegt es vor allem deshalb, weil Dietrich Bonhoeffers schriftlicher Nachlass von der Staatsbibliothek aufbewahrt wird. Mit Hilfe der Freunde der Staatsbibliothek konnten die kostbaren Autographen vor dem Verfall gerettet werden, wofür ich mich auch am heutigen Tag sehr herzlich bedanken möchte.

I.

Ein Theologe im Widerstand – das nötigt zu der Frage, was denn das Theologische an diesem Widerstand war. Dieser Frage will ich mich im ersten Teil dieses Textes in drei Schritten nähern: Ich will nach Bonhoeffers Rolle im Widerstand fragen; sodann will ich der Frage nachgehen, ob er für sein Handeln einen theologischen Konsens in seiner, der evangelischen Kirche voraussetzen konnte; schließlich will ich das Problem erörtern, dass er unter den Bedingungen der Konspiration weder über sein Handeln noch über dessen Motive schriftlich Auskunft geben konnte. Ob wir trotzdem bei Bonhoeffer von einer Theologie des Widerstands sprechen können, wird sich zeigen.

1.

Dietrich Bonhoeffer ist einer der bekanntesten Angehörigen des deutschen Widerstands. Aber er gehörte nicht zu dessen prägenden politischen Figuren. Seine Rolle war eher marginal. Er assistierte Hans von Dohnanyi und Hans Oster, die ihre Position in der militärischen Abwehr benutzten, um Pläne zur Beseitigung des Diktators zu entwickeln. Bonhoeffer ermutigte sie und deutete im Gespräch sowie gelegentlich auch in schriftlicher Form an, was sie taten. Er war ihr Seelsorger, wenn Gewissenszweifel sie überkamen. Sein Schwager Hans von Dohnanyi wurde von dem Gestapo-Kommissar Franz Xaver Sonderegger als »das geistige Haupt des 20. Juli«[1] bezeichnet. Von Bonhoeffer dagegen sagte Dohnanyi selbst, er sei »kein Politiker gewesen, sondern ein gütiger Helfer, der von der Richtigkeit der antihitlerischen Strömung durchdrungen gewesen sei«[2] ; er machte sich den Vorwurf, Bonhoeffer in eine Situation hineingezogen zu haben, in die er von sich aus nie geraten wäre. Bonhoeffers Freund und Biograph Eberhard Bethge (dessen Nachlass sich ebenfalls in der Staatsbibliothek zu Berlin befindet) stellte nüchtern fest, Bonhoeffers Rolle im Widerstand sei »an politischer Bedeutung … nicht hoch einzuschätzen«; er fügte hinzu: »Er hat seinen Platz und seine fachlichen Fähigkeiten in dieser Hinsicht selber nicht über Gebühr veranschlagt. […] Im Übrigen gehörte politischer Ehrgeiz nicht zu seinen Eigenschaften«[3].

1 Marikje Smid: Hans von Dohnanyi – Christine Bonhoeffer. Eine Ehe im Widerstand gegen Hitler. Gütersloh: Gütersloher Verlagshaus 2002, S. 450.

2 Ebenda.

3 Eberhard Bethge: Dietrich Bonhoeffer. Eine Biographie, 9. Aufl. Gütersloh: Gütersloher Verlagshaus 2005, S. 895; zum Verhältnis von Bonhoeffer und Dohnanyi im Widerstand vgl. auch Heinz Eduard Tödt: Der Bonhoeffer-Dohnanyi-Kreis in der Opposition und im Widerstand gegen das Gewaltregime Hitlers. Zwischenbilanz eines Forschungsprojekts, in: Heinz Eduard Tödt: Theologische Perspektiven nach Dietrich Bonhoeffer. Gütersloh: Chr. Kaiser/Gütersloher Verlagshaus 1993, S. 170–216, sowie Elisabeth Sifton, Fritz Stern: Keine gewöhnlichen Männer. Dietrich Bonhoeffer und Hans von Dohnanyi im Widerstand gegen Hitler. München: C. H. Beck 2013.

Der Widerstand war nicht das einzige, was Bonhoeffer in den Jahren nach der dramatischen Rückkehr aus den USA im Sommer 1939 beschäftige. Immer wieder versuchte er, sich auf die Arbeit an seiner »Ethik« zu konzentrieren; so wichtig war ihm diese Arbeit, dass er sechs Monate nach seiner im April 1943 erfolgten Verhaftung von Selbstvorwürfen berichtet, »die Ethik nicht abgeschlossen zu haben«[4]. Weder in der Zeit bis 1943, in der er noch in relativer Freiheit agieren konnte, noch in den Gefängnisjahren in Tegel war sein Denken ganz und gar auf den Widerstand konzentriert. Der deutsche Titel der Gefängnisbriefe »Widerstand und Ergebung« erweckt in dieser Hinsicht einen falschen Eindruck. Denn mit »Widerstand« ist hier nicht der politische Widerstand, sondern die innere Revolte gegen das mit der Inhaftierung verbundene Schicksal gemeint. Bonhoeffer verwendet die literarischen Beispiele von Don Quixote und Michael Kohlhaas, um diese Auflehnung gegen ein Schicksal zu beschreiben, das als sinnlos, ja, als absurd erscheinen muss. Diese Überlegung beendet er mit folgenden Worten: »Wir müssen dem ›Schicksal‹ ... ebenso entschlossen entgegentreten wie uns ihm zu gegebener Zeit unterwerfen. [...] Die Grenzen zwischen Widerstand und Ergebung sind also prinzipiell nicht zu bestimmen; aber es muss beides da sein und beides mit Entschlossenheit ergriffen werden«[5]. »Widerstand und Ergebung« im Sinn dieser Überlegungen sind also von politischem Widerstand und politischer Anpassung deutlich zu unterscheiden.

Bonhoeffers vermutlich wichtigster Beitrag zum politischen Widerstand im engeren Sinn des Wortes – also zu den Bemühungen, der Hitler-Diktatur ein Ende zu setzen – lässt sich genau datieren. Er vollzog sich in Stockholm sowie im kleinen schwedischen Landstädtchen Sigtuna am 31. Mai und am 1. Juni 1942. Dort traf Bonhoeffer den ihm schon lange vertrauten anglikanischen Bischof George Bell (den Bischof von Chichester, 1883–1958), der als Mitglied des britischen Oberhauses eine direkte Verbindung zur britischen Regierung hatte. Bonhoeffer wollte auf der einen Seite einen

4 Dietrich Bonhoeffer: Widerstand und Ergebung. Briefe und Aufzeichnungen aus der Haft. Hrsg. von Christian Gremmels, Eberhard Bethge und Renate Bethge in Zusammenarbeit mit Ilse Tödt. Gütersloh: Chr. Kaiser/ Gütersloher Verlagshaus 1998 (Dietrich Bonhoeffer Werke, Bd. 8 – zitiert DBW 8), S. 188.

5 DBW 8, S. 333f.

verlässlichen Zugang zu den britischen Friedensplänen haben; vor allem aber brauchte er ein geheimes Signal an die Verschwörer, dass die Alliierten nicht ihrerseits alle Voraussetzungen für einen politischen Neubeginn nach einem erfolgreichen Attentat auf Hitler zerstören würden. Klare Antworten auf beide Fragen konnten von erheblicher Bedeutung für die weitere Entwicklung der Verschwörung sein. Bonhoeffer überzeugte Bell; doch die Bemühungen des Bischofs, die Haltung der britischen Regierung zu beeinflussen, blieben erfolglos. Die Situation, in welcher die beiden sich in Sigtuna trafen, war angespannt; aber von absoluter Verlässlichkeit war der Geist aufrichtiger Freundschaft zwischen ihnen. »Wir verpflichteten uns einander wieder in unerschütterlicher christlicher Bruderschaft. Ich werde ihn nie vergessen.«[6], sagte Bell noch vierzehn Jahre nach der Begegnung von Sigtuna. Bonhoeffer selbst hatte schon am 1. Juni 1942, bevor er von Stockholm nach Berlin zurückkehrte, an den Bischof geschrieben: »Ich glaube, diese Tage werden unter den größten meines Lebens in meiner Erinnerung bleiben. Dieser Geist der Gemeinschaft und christlicher Brüderlichkeit wird mich durch die dunkelsten Stunden tragen, und selbst, wenn die Dinge schlimmer kommen, als wir hoffen und erwarten, wird das Licht dieser wenigen Tage in meinem Herzen nie verlöschen«[7].

Bonhoeffers Rolle in der Verschwörung gegen Hitler gewann ihren unvergesslichen Sinn aus der Tatsache, dass er durch die »dunkelsten Stunden« gehen musste und die Dinge »schlimmer kamen«, als er gehofft und erwartet hatte. Er wusste, dass er mit der Beteiligung an der Konspiration sein Leben riskierte, wie marginal auch immer sein Beitrag dazu war. Schon daraus ergibt sich so etwas wie ein theologisches Profil. Es zeigt sich zuallererst nicht in einer theologischen Theorie des Widerstand, sondern im Martyrium eines Menschen, der das als einen Neubeginn verstand, worin andere das Ende sahen: nämlich die Bereitschaft, für die eigenen Überzeugungen sein Leben zu riskieren.

6 Dietrich Bonhoeffer: Konspiration und Haft 1940–1945. Hrsg. von Jørgen Glenthøj, Ulrich Kabitz und Wolf Krötke. Gütersloh: Chr. Kaiser/Gütersloher Verlagshaus 1996 (Dietrich Bonhoeffer Werke 16 – zitiert DBW 16), S. 305.

7 DBW 16, S. 305, S. 773.

2.

Konnte Bonhoeffer sich bei dem Schritt in die Konspiration auf einen Konsens in seiner Kirche stützen? Die Frage zu stellen, heißt, sie zu verneinen. Bonhoeffer selbst sah die Schwäche seiner Kirche vor allem in ihrer Selbstbezogenheit: »Entscheidend: Kirche in der Selbstverteidigung. Kein Wagnis für andere«[8]. Die Aktivitäten sowohl der »intakten Kirchen« als auch der »Bekennenden Kirche« waren in seiner Sicht darauf konzentriert, die Kirche als Heilsanstalt zu bewahren und für die Sache der Kirche einzutreten; dadurch versäumte sie das Entscheidende, nämlich »Kirche für andere« zu sein.[9]

Die Ambivalenz der Kirche gegenüber der Aufgabe, vor die sie durch das Gewaltregime der Hitlerdiktatur gestellt war, hielt auch nach 1945 an. Das zeigt sich unter anderem daran, dass die ersten klaren Äußerungen über Bonhoeffers Beitrag zum Widerstand nach 1945 allein außerhalb Deutschlands laut wurden. Eberhard Bethge zitiert in einem Aufsatz zum 40. Geburtstag des mit 39 Jahren hingerichteten Dietrich Bonhoeffer außer George Bell noch den amerikanischen Theologen Reinhold Niebuhr (1892–1971). Bell unterschied an Bonhoeffers Widerstand eine vertikale und eine horizontale Dimension: den Widerstand der gläubigen Seele im Namen Gottes gegen den Angriff des Bösen und die moralische und politische Revolte des menschlichen Gewissens gegen Ungerechtigkeit und Grausamkeit.[10] Niebuhr brachte die Hoffnung zum Ausdruck, dass Bonhoeffers Tod als Märtyrer in Deutschland zu neuem Glauben führen und die verhängnisvolle Trennung zwischen religiöser Überzeugung und weltlicher Verantwortung überwinden würde.[11]

Die deutschen Kirchenführer unterschieden sich von solchen Urteilen auf gravierende Weise. Für sie war unmöglich, was Eberhard Bethge fünfzig Jahre nach Bonhoeffers Tod in Berlin betonte – dass nämlich Bonhoeffers Teilnahme an der Verschwörung mit einer christlichen Glaubenshaltung zusammengehörte, wie sie in der Barmer Theologischen Erklärung von 1934 zum Ausdruck gekommen

8 DBW 8, S. 558.

9 DBW 8, S. 557, S. 560.

10 Eberhard Bethge: Dietrich Bonhoeffer. Eine Biographie. 9. Aufl. Gütersloh: Gütersloher Verlagshaus 2005, S. 1041 f.

11 Reinhold Niebuhr: The Death of a Martyr, in: Christianity and Crisis 5/11 (1945), S. 6f.

war.[12] Fünfzig Jahre vor dieser Äußerung, also unmittelbar nach dem Ende des Zweiten Weltkriegs, war Bethge persönlicher Referent des Berliner Bischofs Otto Dibelius (1880–1967); unter dessen Leitung machte die Kirchenleitung der Evangelischen Kirche in Berlin-Brandenburg in einer grundsätzlichen Äußerung von 1946 einen scharfen Unterschied zwischen »Märtyrern im vollen Sinn des Wortes« wie Paul Schneider, der das Wort Gottes im Konzentrationslager Buchenwald aus seiner Zelle heraus bis zum letzten Atemzug verkündete, und denen, »die versuchten, dem deutschen Volk eine andere Regierung zu geben, bevor die letzte deutsche Stadt in Trümmer fallen« würde. Kein Wort wird in dieser Stellungnahme darüber gesagt, dass es nicht nur um die in Trümmer fallenden deutschen Städte, sondern auch um den Völkermord am europäischen Judentum in Auschwitz und den anderen Vernichtungsorten ging. Die Stellungnahme der Kirchenleitung fügte hinzu: »Die Kirche Jesu Christi kann einen Anschlag auf das Leben eines Menschen niemals gutheißen, in welcher Absicht er auch ausgeführt werden mag«[13]. Hans Meiser (1881–1956), der damals Landesbischof der bayerischen lutherischen Landeskirche war, bekundete offen seine Genugtuung darüber, dass »wir uns nicht an den Versuchen zum Tyrannenmord beteiligt haben«[14]. Welch ein befremdliches ›Wir‹! Welch ein erstaunliches Verständnis der Kirche – das nicht nur Pfarrer wie Dietrich Bonhoeffer oder Eugen Gerstenmaier, die an der Verschwörung beteiligt waren, ausschloss, sondern ebenso »normale« Kirchenmitglieder, die ihrem christlichen Gewissen darin folgten, dass sie versuchten, der brutalen Ermordung von Menschen ein Ende zu setzen, die alle nach dem christlichen Bekenntnis zum Ebenbild Gottes geschaffen waren.

Ist Bonhoeffers Schritt in die Verschwörung ein Teil und ein Beispiel für eine »Kirche für andere«? Oder handelt es sich lediglich um einen »Grenzfall«, ein persönliches Risiko, das in der Einsamkeit des konspirativen Inkognito getragen werden muss?[15] Bonhoeffer

12 Eberhard Bethge: Fünfzig Jahre sind zu wenig, in: Wolfgang Huber (Hrsg.): Mut in böser Zeit. Gedenken an Dietrich Bonhoeffer und seine Freunde. Berlin: Wichern 1995, S. 71–76, S. 72.

13 Michael Klein: Märtyrer im vollen Sinn dieses Wortes. Das Bild Dietrich Bonhoeffers im frühen Gedenken der kirchlichen und politischen Öffentlichkeit, in: Evangelische Theologie 67 (2007), S. 419–432, S. 422.

14 Ebenda.

15 DBW 8, S. 188; Eberhard Bethge: Dietrich Bonhoeffer. Eine Biographie. 9. Aufl. Gütersloh: Gütersloher Verlagshaus 2005, S. 889–896.

selbst nahm wahr, dass die Kirche keine Klarheit über die Situation des Widerstands gewonnen hatte; deshalb rechnete er mit der Möglichkeit, dass sein Schritt in die Verschwörung möglicherweise die künftige Ausübung seines Berufs gefährden könne.[16] Hat ein Verschwörer Platz im ordinierten Dienst einer evangelischen Kirche? Der Ton der Enttäuschung ist unüberhörbar, mit dem Bonhoeffer diese Frage stellte. Sein Eindruck war, dass in seiner Kirche auch für den bescheidensten und marginalsten Beitrag zum politischen Widerstand eines Pfarrers kein Verständnis vorhanden war. Deshalb konnte er nur auf persönliches Risiko hin weiter gehen. Er musste eine individuelle Entscheidung treffen, die einen Abstand zu dem mit der Ordination (in der Berliner Matthäuskirche gegenüber der heutigen Staatsbibliothek zu Berlin am 15. November 1931) übernommenen Amt erzeugte, zu dem Amt auch, auf das er die jungen Theologen im Finkenwalder Predigerseminar vorbereitet hatte. Die Einsamkeit des christlichen Gewissens gehört – so sehen wir – zum theologischen Profil von Bonhoeffers politischem Widerstand.

3.

Können wir – darüber hinaus, dass Bonhoeffer sich durch seinen Widerstand in die Einsamkeit der Gewissensentscheidung gezwungen sah und zu einem Zeugen für ein aufrechtes christliches Gewissen wurde – über das theologische Profil von Bonhoeffers politischem Widerstand noch genauer ermitteln? Für einen Widerstandskämpfer – ob am Rande oder im Zentrum des Geschehens – ist es schwierig, gefährlich, ja, unmöglich, über die Motive seines Handelns so Rechenschaft abzulegen, dass es für die Nachwelt dokumentiert ist und nachvollziehbar wird. Das lässt sich an den fünf Stufen des Widerstands verdeutlichen, die Eberhard Bethge unterschieden hat: einfacher passiver Widerstand, offene ideologische Konfrontation, Mitwisserschaft an Umsturzvorbereitungen, aktive Vorbereitung für das Danach, aktive Konspiration.[17] Die letzten drei

16 DBW 8, S. 235 f.

17 Eberhard Bethge: Adam von Trott und der Deutsche Widerstand, in: Vierteljahreshefte für Zeitgeschichte 11 (1963), S. 213–223, S. 221 f.; Eberhard Bethge: Dietrich Bonhoeffer. Eine Biographie. 9. Aufl. Gütersloh: Gütersloher Verlagshaus 2005, S. 890 f.

dieser fünf Stufen sollten sich besser nicht in Texten niederschlagen, die in falsche Hände geraten könnten! Als Bonhoeffer parallel zu seiner konspirativen Tätigkeit an seiner Ethik arbeitete, war er gut beraten, die beiden Seiten seiner Existenz sorgfältig voneinander zu trennen. Jede unmittelbare Verknüpfung seiner politischen Aktivitäten und seiner theologischen Reflexionen war zu vermeiden. Er musste mit der Möglichkeit rechnen, dass seine Manuskripte in die Hände der Gestapo fielen – was nach seiner Verhaftung tatsächlich geschah.[18] In öffentlich zugänglichen Texten, aber auch in Texten, bei denen die Gefahr bestand, sie könnten der Gestapo zufallen, durfte es eine Bezugnahme auf den Widerstand allenfalls im Blick auf dessen erste zwei Stufen geben: den offenen passiven Widerstand und die offene ideologische Konfrontation. Die Vorbereitungen für ein mögliches Attentat, die Überlegungen für das Danach und die aktive Verschwörung selbst mussten verborgen bleiben. Auch eine theologische Reflexion über sie konnte allenfalls eine verborgene Form annehmen; sie konnte äußerstenfalls Teil einer »Arkandisziplin«[19] sein.

Deshalb erscheint es als abwegig, in Bonhoeffers nachgelassenen Texten Grundzüge einer Theologie des Widerstands zu suchen. Umso erstaunlicher ist es, dass derartige Grundzüge sich aufspüren lassen.

II.

Ich will vier Elemente dieser Theologie des Widerstands kurz skizzieren. Sie beziehen sich auf den Widerstand als Aufgabe der Kirche, auf das Bekenntnis der Schuld als Ausgangspunkt des Widerstands und auf Widerstand als Thema einer Verantwortungsethik. Den Abschluss bildet ein Hinweis auf das Gottvertrauen als Basis für das Wagnis des Widerstands.

18 Vgl. DBW 8, S. 188.

19 Vgl. hierzu: Brief an Eberhard Bethge vom 5.5.44: »Es gibt Stufen der Erkenntis und Stufen der Bedeutsamkeit; d.h. es muß eine Arkandisziplin wiederhergestellt werden, durch die die Geheimnisse des christlichen Glaubens vor Profanierung behütet werden.« DBW 8, S. 415 und vgl. auch S. 405.

1.

Bonhoeffers frühe Überlegungen zu der Frage, mit welchen Herausforderungen die Kirche durch das Naziregime konfrontiert war, beginnen mit nichts Geringerem als einer theologischen Theorie kirchlichen Widerstands. Das geschieht in einem Text über die »Kirche vor der Judenfrage«, der auf einen Vortrag am 15. April 1933 zurückgeht. Dieser Text ist oft kritisiert worden, weil er sich die problematische Rede von einer »Judenfrage« zu Eigen macht; man hat daraus geschlossen, Bonhoeffer unterwerfe sich einem antijüdischen Vorurteil. Auch in anderer Hinsicht hat die Sprache dieses Aufsatzes Befremden ausgelöst, bestimmt er doch die Aufgabe des Staates als Gewährleistung von »Recht und Ordnung«.[20] Tatsächlich weckt diese Redeweise den Wunsch, Bonhoeffer hätte bereits die erst ein Jahr später verabschiedete Barmer Theologische Erklärung gekannt, die nicht von »Recht und Ordnung«, sondern von »Gerechtigkeit und Frieden« als zentralen Aufgaben des Staates sprach. Bonhoeffer aber verwendete das geläufige Begriffspaar von »Recht und Ordnung«, um darauf hinzuweisen, dass staatliches Handeln nicht nur in der Gefahr steht, dass es an Recht und Ordnung fehlt, sondern auch, dass sie im Übermaß verwirklicht werden. Es gibt nicht nur ein Zuwenig, sondern auch ein Zuviel an Recht und Ordnung; es gibt also nicht nur einen defizienten, sondern auch einen exzessiven Staat. Staatliche Unterdrückung ist genauso beunruhigend wie chaotisches Staatsversagen. In beiden Fällen können Menschenrechte verletzt und der gesellschaftliche Frieden zerstört werden.

Im Blick auf beide Möglichkeiten unterscheidet Bonhoeffer drei Aufgaben der Kirche gegenüber dem Staat. Ihre erste Aufgabe besteht darin, den Staat an seine Aufgabe zu erinnern; das schließt den klaren Widerspruch in den Fällen ein, in welchen der Staat seine Verantwortung dadurch verletzt, dass er ein Zuwenig oder ein Zuviel an Recht und Ordnung schafft. Die zweite Aufgabe besteht darin, den Opfern staatlichen Fehlverhaltens beizustehen; es geht also darum, diejenigen zu retten und zu schützen, die unter staatlichen Pflichtverletzungen zu leiden haben. Die dritte Aufgabe stellt sich dann, wenn solche Verletzungen von Recht und Ordnung durch

20 Dietrich Bonhoeffer: Berlin 1932–1933. Hrsg. von Carsten Nicolaisen und Ernst-Albert Scharffenorth. Gütersloh: Chr. Kaiser/Gütersloher Verlagshaus 1997 (Dietrich Bonhoeffer Werke, Bd. 12 – zitiert DBW 12), S. 351.

ein Zuwenig oder ein Zuviel zum dauerhaften Kennzeichen staatlichen Handelns werden. Dann besteht die Aufgabe der Kirche darin, »nicht nur die Opfer unter dem Rad zu verbinden, sondern dem Rad selbst in die Speichen zu fallen. Solches Handeln wäre unmittelbar politisches Handeln der Kirche und ist nur dann möglich und gefordert, wenn die Kirche den Staat in seiner Recht und Ordnung schaffenden Funktion versagen sieht«[21]. Dem Rad selbst in die Speichen zu fallen – das bedeutet: das ungerechte und illegitime Handeln des Staates anzuhalten. Bonhoeffer hat an dieser Stelle also klar im Blick, was wir heute den »großen Widerstand« nennen; für die Beteiligung der Kirche daran hält er eine konziliare Entscheidung, also einen großen Konsens für notwendig. Wie weit er sich 1933 noch Illusionen darüber machte, dass die Kirche überhaupt zu einem solchen Konsens im Stande wäre, können wir nur ahnen. Noch 1934 hat Bonhoeffer auf einer ökumenischen Versammlung im Blick auf die Friedensfrage einen Versuch in dieser Richtung gestartet. Darauf, dass die Kirche am Beispiel des Arierparagraphen eine klare Position beziehen würde, hat er in den Jahren 1933 und 1934 intensiv hingearbeitet – wie er selber fand ohne hinreichenden Erfolg.

Die systematische Struktur seiner Theorie des kirchlichen Widerstands ist klar: Auf der ersten Ebene geht es um den ideologischen Konflikt über die Legitimität staatlichen Handelns; in ihm hat die Kirche klar Partei zu beziehen für die an Recht und Ordnung orientierte Funktion des Staates. Keine Rede ist in diesem Zusammenhang von dem Staat als einer göttlichen Ordnung; worauf es ankommt, ist allein die Funktion des Staates, die nach theologischer Auffassung um der Menschen und ihres Zusammenlebens willen als ein göttlicher Auftrag verstanden werden kann. Auf dieser Ebene wird das Zeugnis der Kirche gefordert.

Auf einer zweiten Ebene geht es um ihr stellvertretendes Handeln, wir können auch sagen: um ihre Diakonie. Stellvertretend soll sie für die Opfer staatlichen Handelns eintreten. Auf der dritten Ebene hingegen geht es um unmittelbar politisches Handeln. Bonhoeffer verwendet dafür nicht den Begriff des Widerstands; aber er hat ihn, wie wir sahen, bereits klar im Blick. Auch später hält Bonhoeffer daran fest, dass ein Eingreifen gegen das illegitime Handeln des Staates nicht nur eine bürgerliche Pflicht, sondern eine Pflicht der Kirche und insbesondere ihres ordinierten Amtsträgers ist. Sein

21 DBW 12, S. 353f.

Mitgefangener Gaetano Latmiral berichtet in diesem Zusammenhang von einer Äußerung Bonhoeffers im Tegeler Gefängnis: »Wenn ein Wahnsinniger auf dem Kurfürstendamm sein Auto über den Gehweg steuert, so kann ich als Pastor nicht nur die Toten beerdigen und die Angehörigen trösten; ich muss hinzuspringen und den Fahrer vom Steuer reißen, wenn ich eben an dieser Stelle stehe«[22]. Die Parallele zwischen »dem Rad in die Speichen greifen« und »den Fahrer vom Steuer reißen« ist offenkundig; in beiden Fällen geht es um aktiven Widerstand. Bonhoeffer übertreibt die Pflicht zum Widerstand nicht; ich muss »an dieser Stelle stehen«, also zum Handeln im Stande sein. Aber er bezieht diese Pflicht klar auf den Pfarrer, der »an dieser Stelle steht«. Er verletzt seine Verpflichtung als ordinierter Pfarrer, wenn er sich auf Trauergottesdienste und den Trost der Angehörigen beschränkt und es versäumt, dem Fahrer des Todeswagens in den Arm zu fallen. Wenn es um den Angriff auf Menschenleben, um Verbrechen gegen die Menschlichkeit geht, bezieht sich die Pflicht zur aktiven Einmischung nicht nur auf den einzelnen Glaubenden, sondern auf die Kirche als Gemeinschaft der Glaubenden. Das ist der Zusammenhang, in dem der Tyrannenmord für Bonhoeffer zum Thema des Kirchenverständnisses wird.

Es war deshalb nicht nur eine persönliche Enttäuschung, sondern ein theologischer Konflikt, wenn Bonhoeffer Zweifel daran hatte, ob er nach der Beteiligung am Widerstand überhaupt noch als ordinierter Pfarrer in der evangelischen Kirche akzeptiert würde.

2.

Als Dietrich Bonhoeffer am Manuskript seiner Ethik arbeitete, war er in die Planungen des Widerstands eingeweiht. Er kannte das Material, das sein Schwager Hans von Dohnanyi zu den Verbrechen der Hitlerdiktatur gesammelt hatte und das in Gestalt des Zossener Aktenfunds sein und Dohnanyis Schicksal besiegeln sollte. Er

22 Gaetano Latmiral: Briefe an die BBC und Gerhard Leibholz – Erinnerungen an Tegel: Mitteilungen für Eberhard Bethge, in: Dietrich Bonhoeffer Jahrbuch 2003. Gütersloh: Gütersloher Verlagshaus 2003, S. 23–42, S. 30; Christian Gremmels: Theologie und Lebenswelt. Beiträge zur Theologie der Gegenwart. Hrsg. von Florian Schmitz. Gütersloh: Gütersloher Verlagshaus 2012, S. 117.

kannte auch das Ausmaß, in dem die evangelische Kirche, von wenigen Ausnahmen abgesehen, über diese Verbrechen hinwegging. In dieser Situation formulierte er im Winter 1940/41 für seine »Ethik« ein »Schuldbekenntnis«, das nicht nur die Schuld des Einzelnen, sondern mehr noch die Schuld der Kirche zum Thema hatte. Er schloss sich an die Abfolge der zehn Gebote an und benutzte sie als »Beichtspiegel«. Die Zielrichtung seiner Überlegungen lässt sich an den Erläuterungen zum ersten und zum fünften Gebot verdeutlichen. Zum ersten Gebot sagt Bonhoeffer: »Die Kirche bekennt, ihre Verkündigung von dem einen Gott, der sich in Jesus Christus für alle Zeiten offenbart hat und der keine anderen Götter neben sich leidet, nicht offen und deutlich genug ausgerichtet zu haben. […] Sie hat dadurch den Ausgestoßenen und Verachteten die schuldige Barmherzigkeit oftmals verweigert. Sie war stumm, wo sie hätte schreien müssen, weil das Blut der Unschuldigen zum Himmel schrie. Sie hat das rechte Wort in rechter Weise zu rechter Zeit nicht gefunden«[23]. Zum fünften Gebot heißt es im selben Zusammenhang: »Die Kirche bekennt, die willkürliche Anwendung brutaler Gewalt, das leibliche und seelische Leiden unzähliger Unschuldiger, Unterdrückung, Hass, Mord, gesehen zu haben ohne ihre Stimme für sie zu erheben, ohne Wege gefunden zu haben, ihnen zu Hilfe zu eilen. Sie ist schuldig geworden am Leben der Schwächsten und Wehrlosesten Brüder Jesu Christi«[24]. Die Worte »Brüder Jesu Christi« sind nachträglich eingefügt und enthalten eine klare Bezugnahme auf die Juden. An einer früheren Stelle des Manuskripts hatte Bonhoeffer bereits geschrieben: »Jesus Christus war Jude«. Warum er darauf beharrte, ließ er nicht im Unklaren. Denn er sagte ausdrücklich: »Eine Verstoßung der Juden aus dem Abendland muss die Verstoßung Christi nach sich ziehen; denn Jesus Christus war Jude«[25]. Das Schuldbekenntnis der Kirche fasste Bonhoeffer schließlich in den Worten zusammen: »Die Kirche … hat die Gerechtigkeit Gottes nicht so verkündigt, dass alles menschliche Recht in ihr die Quelle des eigenen Wesens sehen musste. […] Durch ihr eigenes Verstummen ist die Kirche schuldig geworden an dem Verlust an verantwortlichem Handeln, an Tapferkeit des Einstehens und Bereitschaft für das als

23 DBW 6, S. 129.
24 DBW 6, S. 130.
25 DBW 6, S. 95

recht Erkannte zu leiden. Sie ist schuldig geworden an dem Abfall der Obrigkeit von Christus«[26].

Verantwortliches Handeln wiederzugewinnen, notfalls für das als recht Erkannte zu leiden, dem Abfall der Obrigkeit von Christus Einhalt zu gebieten: das sind die Aufgaben, die sich aus dem Schuldbekenntnis der Kirche ergeben. Insofern bildet dieses Schuldbekenntnis eine unerlässliche Voraussetzung für den notwendigen Widerstand. Die besondere Bedeutung, die Bonhoeffer in diesem Zusammenhang den zehn Geboten gibt, lenkt den Blick auf ein Dokument des Widerstands, das sich Anregungen und Impulsen Dietrich Bonhoeffers verdankt, nämlich die Freiburger Denkschrift von 1943. Dieser vom Freiburger Widerstandskreis um Gerhard Ritter, Constantin von Dietze und andere formulierte Entwurf einer Ordnung von Gesellschaft und Staat nach dem Sturz des Diktators unterstreicht, dass die zehn Gebote nicht nur eine Orientierung für das Handeln der Einzelnen enthalten, sondern auch für die innere Ordnung des Gemeinwesens von großer Bedeutung sind. Aus der Pflicht der Kirche, die zehn Gebote zu verkündigen, ergibt sich die Aufgabe, sie so zu interpretieren, dass ihre Bedeutung für die politische und wirtschaftliche Ordnung erkennbar wird.[27]

3.

Widerstand erscheint in dieser Perspektive als Folgerung aus dem Bekenntnis der Schuld. Er führt jedoch nicht einfach aus der Schuld heraus, er führt auf neue Weise in Schuld hinein. Das reflektiert Dietrich Bonhoeffer in der Zeit der Konspiration in zwei Hinsichten: Auf eine sehr persönliche Weise geschieht das in einer Aufzeichnung »Nach zehn Jahren«, in der er an der Jahreswende 1942/43 für seine Freunde zehn Jahre nationalsozialistische Herrschaft bedenkt. In einer systematischen Überlegung widmet er sich derselben Frage in den Reflexionen über Freiheit und Verantwortung, die in seine »Ethik« Eingang finden sollten.

26 DBW 6, S. 131 ff.

27 Günter Brakelmann, Traugott Jähnichen (Hrsg.): Die protestantischen Wurzeln der Sozialen Marktwirtschaft. Gütersloh: Gütersloher Verlagshaus 1994, S. 342–344.

»Sind wir noch brauchbar?« So heißt die Schlüsselfrage »nach zehn Jahren«. Diesen Selbstzweifel spricht Bonhoeffer zugleich für seine Freunde Eberhard Bethge, Hans von Dohnanyi und Hans Oster aus, für die er diesen Text schreibt. Der Selbstzweifel gründet zum einen darin, dass sie über lange Zeit »stumme Zeugen böser Taten« des Nazi-Regimes waren; er hat zum andern darin seinen Grund, dass sie in der Konspiration die »Künste der Verstellung und der mehrdeutigen Rede« lernen mussten und nun »mit vielen Wassern gewaschen« sind. Nötig ist in dieser Situation eine schonungslose Aufrichtigkeit gegen sich selbst, um den »Weg zur Schlichtheit und Geradheit« wiederzufinden.[28] Dabei weiß Bonhoeffer, dass sich der beschriebene Zwiespalt erst auflösen lässt, wenn das illegitime Regime überwunden ist. Denn bis dahin bleiben konspirative Verhaltensweisen unvermeidlich.

Noch erstaunlicher als diese persönlichen Reflexionen ist die Klarheit, in der das Thema des Widerstands in den Entwürfen zur »Ethik« aufgenommen wird.[29] Bonhoeffer lässt das Konzept einer Gebotsethik hinter sich und entwickelt eine Verantwortungsethik, die er unlöslich mit einer Ethik persönlicher Freiheit verbindet.[30] Stellvertretung und Wirklichkeitsgemäßheit sind wichtige Kennzeichen verantworteter Freiheit. Die Aufgabe der Stellvertretung leitet sich nicht nur aus der Verantwortung in den Rollen ab, die sich aus einer bestimmten Position und Funktion in Familie, Gesellschaft oder Staat ergeben. Vielmehr besteht über solche zugeschriebenen Rollen hinaus die Möglichkeit, Verantwortung frei zu übernehmen, lediglich gebunden an die Person des anderen Menschen und an Gott. Widerstand ist ein herausragendes Beispiel für solche frei übernommene Verantwortung. Zugeschriebene Rollen dienen in einer solchen Situation eher dazu, die Verantwortung zu verschleiern, die Verschwörer aus innerer Freiheit übernommen haben.

Wirklichkeitsgemäßheit ist ebenso wichtig wie Stellvertretung. Sie orientiert sich an dem, was sich in einer gegebenen Situation als notwendig erweist. Das kann aber auch über die Grenzen des recht-

28 DBW 8, S. 38.

29 Vgl. Hans-Richard Reuter: Recht und Frieden. Beiträge zur politischen Ethik. Leipzig: Evangelische Verlagsanstalt 2013, S. 83–106; Wolf Krötke: Barmen – Barth – Bonhoeffer. Beiträge zu einer zeitgemäßen christozentrischen Theologie. Bielefeld: Luther-Verlag 2009, S. 423–435.

30 DBW 6, S. 256–288.

lich Erlaubten hinausführen. »Dort, wo die sachliche Befolgung des formalen Gesetzes eines Staates ... durch den Verlauf des geschichtlichen Lebens zusammenprallt mit den nackten Lebensnotwendigkeiten von Menschen, tritt verantwortliches sachgemäßes Handeln aus dem Bereich des Prinzipiell-Gesetzlichen, des Normalen, des Regulären vor die durch kein Gesetz mehr zu regelnde, außerordentliche Situation letzter Notwendigkeiten. ... Es kann kein Zweifel darüber bestehen, dass es solche Notwendigkeiten gibt«[31]. Bonhoeffer wendet das im Blick auf die kriegerische Gewaltanwendung entwickelte Konzept des letzten Mittels *(ultima ratio)* auf die Konfliktsituationen an, die ein »außerordentliches« Handeln notwendig machen. Er nennt dafür eine Reihe zum Teil weit hergeholter Beispiele; im Kern meint er den Widerstand, den er in eine Ethik der *ultima ratio* – heute würden wir sagen: in eine Ethik der rechtserhaltenden Gewalt – einordnet.

Man wartet förmlich auf die Folgerung aus diesen Überlegungen für das Problem der Gewalt im Widerstand. Hans von Dohnanyi hatte Bonhoeffer bereits 1939/40, also unmittelbar nach dessen Rückkehr aus Amerika, mit der Frage konfrontiert, ob der Tyrannenmord aus dem christlichen Glauben gerechtfertigt werden könne.[32] In der »Ethik« lesen wir eine Antwort, die – erstaunlich genug – keinen Zweifel zulässt: »Willkürlich ist selbstverständlich nicht die Tötung des Verbrechers, der fremdes Leben antastete«[33]. Dieser Satz stellt eindeutig klar, dass der Widerstand gegen Hitler legitim war, den Attentatsversuch eingeschlossen.[34] Doch er eröffnet zugleich keine Möglichkeit dafür, diese Legitimität zur Selbstrechtfertigung zu verwenden. Vielmehr gilt: Wer immer tötende Gewalt anwendet, übernimmt damit Schuld und rechtfertigt nicht sich selbst. So

31 DBW 6, S 272 f.

32 Martin Heimbucher: Christusfriede – Weltfrieden. Dietrich Bonhoeffers kirchlicher und politischer Kampf gegen den Krieg Hitlers und seine theologische Begründung. Gütersloh: Gütersloher Verlagshaus 1997, S. 298; Hans-Richard Reuter: Recht und Frieden. Beiträge zur politischen Ethik. Leipzig: Evangelische Verlagsanstalt 2013, S. 98.

33 DBW 6, S. 183.

34 Vgl. Hans-Richard Reuter: Recht und Frieden. Beiträge zur politischen Ethik. Leipzig: Evangelische Verlagsanstalt 2013, S. 83–106, S. 98; Christian Gremmels: Dietrich Bonhoeffer. Versuch über die Kraft zum Widerstehen, in: Günter Brakelmann, Traugott Jähnichen (Hrsg.): Dietrich Bonhoeffer – Stationen auf dem Weg in den politischen Widerstand. Münster: LIT 2005, S. 13–34.

notwendig die Handlung auch sein mag, so sehr sich der einzelne zu ihr durch sein Gewissen gedrängt fühlt, kann er doch vor Gott allein auf Gnade hoffen.[35]

4.

Für Bonhoeffer verband sich die Erfahrung der Schuldübernahme, in der er allein auf Gottes Gnade vertrauen konnte, mit der Erfahrung der Einsamkeit, in der er nicht auf die Solidarität seiner Kirche hoffen konnte. Mehr noch als diese Einsamkeit verlangte die existentielle Gefährdung des eigenen Lebens nach einer theologischen Deutung, die tiefer reichte als eine Theorie der Verantwortung. Bonhoeffer fand diese Deutung im Gedanken der Führung Gottes.[36] Das Vertrauen auf Gott in einer Situation persönlicher Unsicherheit ist ein tragendes Motiv in Bonhoeffers Gefängnistheologie. Die Bedeutung dieses Motivs wurde lange unterschätzt, weil die Gefängnisbriefe vor allem durch die Thesen vom Ende der Religion oder vom religionslosen Zeitalter Aufmerksamkeit fanden. Mit solchen revolutionären Thesen vermochte man ein so schlichtes Thema wie das Gottvertrauen nur schwer in Verbindung zu bringen. Doch beides gehört zusammen. Jesu Kampf im Garten Gethsemane bildet in den Gefängnisbriefen den Schlüssel dafür. Es ist vor allem deshalb ein »nicht-religiöses« Motiv, weil es mit der gängigen Vorstellung von der Macht Gottes gründlich aufräumt: der Sohn Gottes hadert auf den Knien mit seinem Schicksal. Doch der Widerstand gegen dieses Schicksal verbindet sich mit der Ergebung in den Willen Gottes. Die Präsenz der Liebe Gottes in ihrer ohnmächtigen Macht, ihrer machtvollen Ohnmacht vermittelt die Kraft zur Annahme des Leidens. So gehören Gottvertrauen und Widerstand zusammen.

Deshalb kann Bonhoeffer sich auch in der Zeit des Widerstands an der Gemeinschaft mit seiner Braut Maria von Wedemeyer freuen, wie die Brautbriefe in einer so bewegenden Weise zeigen.[37] Dasselbe Gottvertrauen begründet die Hoffnung für die Zukunft seiner

35 DBW 6, S. 283.

36 Krötke, Wolf: Barmen – Barth – Bonhoeffer. Beiträge zu einer zeitgemäßen christozentrischen Theologie. Bielefeld: Luther-Verlag 2009, S. 381–402.

37 Bonhoeffer, Dietrich; Maria von Wedemeyer: Brautbriefe Zelle 92. 1943–1945. München: C. H. Beck 1992.

Freunde, von der er auch in der Einsamkeit des Gefängnisses nicht ablässt.[38] Er weiß, dass das Vertrauen auf Gottes Führung nicht vor der Erfahrung von Sterben und Tod bewahrt; aber auch diese Erfahrung wandelt sich, wenn wir sie aus Gottes Hand annehmen. In Bonhoeffers berühmtem Gedicht »Von guten Mächten« heißt es in diesem Sinn: »Und reichst Du uns den schweren Kelch, den bittern, / des Leids, gefüllt bis an den höchsten Rand, / so nehmen wir ihn dankbar ohne Zittern / aus Deiner guten und geliebten Hand«[39].

Gottes Führung ist in Bonhoeffers Verständnis Führung zu ihm selbst. Am 21. Juli 1944 – am Tag nach dem gescheiterten Attentat – schrieb Bonhoeffer einen Brief an Eberhard Bethge, den dieser zeit seines Lebens für den wichtigsten Brief hielt, den er von seinem Freund jemals erhalten hatte. Ganz am Ende dieses Briefes findet sich der schlichte Satz: »Gott führe uns freundlich durch diese Zeiten; aber vor allem führe er uns zu sich«[40].

Doch Bonhoeffer benutzte das Vertrauen auf die Führung Gottes nicht als Begründung für Passivität oder Anpassung, wie es manche Mitglieder der »inneren Emigration« oder des »inneren Exils« in jenen Jahren taten.[41] Ein Beispiel dafür bieten Reinhold Schneiders berühmte Sonett-Zeilen aus dem Jahr 1937: »Allein den Betern kann es noch gelingen / das Schwert ob unsern Häuptern aufzuhalten«[42]. Im Unterschied zu einer solchen Trennung zwischen Gebet und Tat hielt Bonhoeffer am Zusammenhang zwischen Beten und Tun des Gerechten fest – und dies in Verbindung mit einem dritten, gleich wichtigen Element: dem Warten auf Gottes Zeit.[43]

In dieser berühmten, meist verkürzt zitierten Aussage Bonhoeffers können wir eine Zusammenfassung seiner Theologie des Wi-

38 DBW 8, S. 74; DBW 16, S. 192 f.

39 DBW 8, S. 608.

40 DBW 8, S. 543.

41 Hans Dieter Zimmermann: Innere Emigration. Ein historischer Begriff und seine Problematik, in: Frank-Lothar Kroll, Rüdiger von Voss (Hrsg.): Schriftsteller und Widerstand. Facetten und Probleme der Inneren Emigration. Göttingen: Wallstein 2012, S. 45–62.

42 Reinhold Schneider: Lyrik. Gesammelte Werke. Bd. 5. Frankfurt a. M.: Suhrkamp 1991, S. 54; vgl. Gerhard Ringshausen: Der christliche Protest. Konfessionelle Dichtung und nonkonformes Schreiben im Dritten Reich, in: Frank-Lothar Kroll, Rüdiger von Voss (Hrsg.): Schriftsteller und Widerstand. Facetten und Probleme der Inneren Emigration. Göttingen: Wallstein 2012, S. 267–296.

43 DBW 8, S. 435 f.

derstands sehen. Sie ist politisch, aber sie erschöpft sich nicht im Politischen. Richard Löwenthal und andere haben zwischen drei Dimensionen des Widerstands unterschieden: dem politischen, dem gesellschaftlichen und dem ideologischen – oder, wie man auch sagen kann: dem intellektuellen – Widerstand.[44] Bonhoeffers Widerstand bezieht sich auf alle drei Dimensionen. Er war nicht nur Teil einer politischen Verschwörung, sondern bereitete auch künftige Pfarrer darauf vor, ihren Beitrag zum gesellschaftlichen Widerstand zu leisten. Wenn man einbezieht, dass er seit 1940 unter einem Schreib- und Redeverbot stand, ist sein Beitrag zum intellektuellen Widerstand geradezu erstaunlich zu nennen. In dieser Hinsicht leistete er mehr als die meisten anderen Theologen, Schriftsteller, Wissenschaftler oder Intellektuellen, die sich später darauf beriefen, Teil der »inneren Emigration« oder des »inneren Exils« gewesen zu sein.

Bonhoeffer emigrierte nicht, sondern kehrte 1939 aus den USA nach Deutschland zurück, um am Schicksal seines Volkes teilzunehmen und es dadurch zu seinem persönlichen Schicksal werden zu lassen. Er remigrierte in die politische Realität seiner Zeit. So wurde er zu einem Vorbild für die Bereitschaft, sich auf die politische, gesellschaftliche und geistige Situation der eigenen Gegenwart einzulassen – ohne Vorbehalt und ohne Rückzugsmöglichkeit. Damit fand er ein Echo in vielen Ländern und Kontinenten. In dieser Hinsicht ist Bonhoeffers Beitrag zum Widerstand keineswegs marginal, sondern von wegweisender Bedeutung.

44 Richard Löwenthal: Widerstand im totalen Staat, in: Ders., Patrik von zur Mühlen (Hrsg.): Widerstand und Verweigerung in Deutschland 1933–1945. 3. Auflage Bonn: Dietz 1997, S. 11–24.

Hildegard Kronawitter

Sophie Scholl – eine Ikone des Widerstands

Sophie Scholl ist die populärste Frau des deutschen Widerstands. Mit ihrem Namen verbinden viele Menschen Widerstand gegen Unfreiheit und NS-Diktatur. Umgekehrt wird Widerstand oft spontan mit ihrer Person assoziiert. Unzählige Menschen interessieren sich für ihr Handeln und bewundern ihre Gradlinigkeit und ihren Mut, sie verehren Sophie Scholl. Diese Verehrung geht weit über den großen Respekt hinaus, der den weiteren Mitgliedern der Weißen Rose gilt.

Die besondere, ja, ungewöhnliche Wertschätzung will ich in meinem Beitrag mit einigen Fakten und Interpretationen aufzeigen. Gleichzeitig möchte ich den Gründen nachspüren, warum Sophie Scholl zu einer Ikone des Widerstands wurde.

Drei ausgewählte Nachrichten zu Beginn, die die Weiße Rose Stiftung im April 2014 erhielt:

Neun Schauspielerinnen im Alter von 20 bis 27 Jahren bringen Ende Mai im Wiener OFF-Theater die Aufführung »Blatt für Blatt. 9 Frauen – 1 Leben – Sophie Scholl« auf die Bühne. Als freie Theatergruppe setzen sie sich in diesem Stück mit dem Facettenreichtum der historischen Figur Sophie Scholl auseinander und schlagen Brücken zu sich selbst und ihren eigenen Herausforderungen.[1]

Der neu gewählte, 35-jährige Bürgermeister einer niederbayerischen Landgemeinde erkundigt sich nach Bildern von Sophie Scholl. Mit Amts-

1 Schreiben von Corinna Harrer, Mitglied der Gruppe, an Hildegard Kronawitter, vom 3.2., 11.2. und 9.5.2014. Das Stück soll auch in München zur Aufführung gebracht werden, wofür sie die Unterstützung der Weiße Rose Stiftung erbeten hat.

beginn am 1. Mai wolle er ein Foto von ihr in seinem Arbeitszimmer hängen haben. Erläuternd lässt er wissen: Sophie Scholl sei ein großes Vorbild für ihn, ihre Gradlinigkeit und ihr Mut, für die eigene Meinung einzustehen, imponieren ihm.

Die Studierenden des Masterstudiengangs European Studies an der Hochschule Bremen wählen im Rahmen ihres Jean-Monnet-Projekts »EU Leadership, Skills in Past and Present« 25 Persönlichkeiten aus, mit denen sie Europa ein Gesicht geben wollen. Zu diesem Personenkreis zählen sie auch Sophie Scholl und begründen dies folgendermaßen: Sophie Scholl stehe für lautere Gesinnung, mutiges Eintreten für die eigene Überzeugung unter größter Gefahr und für die Übernahme von Verantwortung.[2]

Bereits diese wenigen Beispiele zeigen: Sophie Scholl ist vielen Menschen in ganz unterschiedlichen Lebenslagen ein großes Vorbild, insbesondere aber jungen Menschen, was nicht zuletzt Umfragen belegen. So ermittelte 2009 eine repräsentative Studie der BAT (British American Tobacco) Stiftung für Zukunftsfragen die zehn wichtigsten Leitfiguren für junge Deutsche zwischen 14 und 27 Jahren. Sophie Scholl (und ihr Bruder Hans) werden an sechster Stelle genannt – nach Mutter Teresa, Martin Luther King.[3]

Obgleich Sophie Scholl evangelisch war, stellt die Katholische Landjugendbewegung (KLJB) sie als ihr zentrales Vorbild heraus und führt zum Beleg ihre Biografie an.[4] Sogar Google schaltete am 9. Mai 2014, also an Sophies 93. Geburtstag, eine Sonderseite »Google ehrt Widerstandskämpferin« mit vielen Fotos, biografischer Skizze sowie Hinweisen zu Artikeln und Links.

Zweifellos wird das große Interesse an der jungen Widerstandskämpferin fortwährend durch Medienberichte, Filme, Neuerschei-

2 Eine Ausstellung im EuropaPunkt Bremen präsentiert die ausgewählten Personen im Mai und Juni 2014 der Öffentlichkeit. Auch hier ging es um ein Foto von Sophie Scholl. Monika Blaschke, Projektkoordinatorin, Schreiben vom 28.3.2014 an Hildegard Kronawitter, Weiße Rose Stiftung, und Telefonat am 10.4.2014.

3 Münchner Merkur, 14.12.2009.

4 www.helmut-zenz.de/hzscholl.html Zugriff, 13.4.2014. Auf der Homepage finden sich ausführliche Angaben zur Biografie von Sophie Scholl, Literaturhinweise und eine Zusammenstellung der Sophie-Scholl-Schulen.

nungen auf dem Buchmarkt, Theateraufführungen und Dokumentationen genährt.

Marc Rothemunds Film »Sophie Scholl. Die letzten Tage« von 2005 ist nach wie vor weltweit ein Botschafter der jungen Heldin. Außerdem stellen uns Theateraufführungen mit dramaturgischen Mitteln ihre Persönlichkeit und ihr Handeln vor. Unter anderem gastiert das freie Theater Eukitea seit 2013 mit einer beeindruckenden Inszenierung »Sophie Scholl – Innere Bilder« an bayerischen Schulen. Als Weiße Rose Stiftung ergänzen wir die Aufführungen mit unserer Wanderausstellung »Die Weiße Rose«; der Bayerische Kulturfonds unterstützt die Theatertour finanziell.

Unbestritten sind die Geschwister-Scholl oder Sophie-Scholl-Schulen in besonderer Weise Träger der Erinnerung. Nach einer Auswertung von ARTE-Karambolage 2006 sind nach dem Geschwisterpaar Scholl 181 deutsche Schulen benannt. Es ist der häufigste Namensgeber. Zusätzlich wurden vierundzwanzig Sophie-Scholl-Schulen gezählt. Inzwischen erfolgten weitere Namensgebungen. Zuletzt, exakt am 16. Mai 2014, wurde das neusprachliche Gymnasium in Trient (Italien) in »Liceo Linguistico Sophie Magdalena Scholl«[5] und im Oktober 2013 in Premnitz die »Berufliche Schule für Sozialwesen ›Sophie Scholl‹« umbenannt[6].

Sie alle beziehen sich auf den Wertekanon, für den die Namensgeberin steht. Pointiert formuliert dies die Sophie-Scholl-Schule in Berlin: Es seien jene verbindlichen Werte, die auch für die Schulgemeinschaft gelten, nämlich: »Zivilcourage, Gewaltlosigkeit, Toleranz, solidarische[s] Verhalten sowie demokratisches Denken und Handeln«.[7]

Dem wachen Interesse der Leserschaft am »kurze[n] Leben der Sophie Scholl«[8] trugen im letzten Jahrzehnt zahlreiche Biografien,

5 Die Zusammenlegung zweier Schulen machte den neuen Schulnamen notwendig. Auskunft Anna Raffaeli beim Besuch der DenkStätte Weiße Rose am 5.4.2014.

6 In Anlehnung an die bereits vorhandene Grundschule Geschwister Scholl, Nachricht am 21.10.13 vom Schulvertreter Bodo Awizio. Schulträger ist die Arbeiterwohlfahrt Bezirksverband Potsdam.

7 www.sophie-scholl-schule.eu/joomla/index.php?option=com_content&view=section&id=9&Itemid=81&lang=de; Zugriff, 25.4.2014.

8 Hermann Vinke: Das kurze Leben der Sophie Scholl. Mit einem Interview von Ilse Aichinger, Ravensburg: Maier, 1980, zahlreiche Wiederauflagen, zuletzt 2013.

Editionen von Briefwechseln und literarische Bearbeitungen Rechnung. Allein fünfzehn ausführliche Publikationen wurden seit 2003 vorgelegt, darunter die quellengesättigten Biografien von Barbara Beuys und Maren Gottschalk.[9] Die neuen Veröffentlichungen befördern maßgeblich die Erinnerung an Sophie Scholl, sie festigen bzw. präzisieren historisches Wissen über sie und bewirken zugleich eine intensive Medienberichterstattung mit neuerlicher Fokussierung auf Sophie Scholl.

[9] Für die jüngsten Veröffentlichungen stellt der im Institut für Zeitgeschichte zugängliche umfangreiche Nachlass von Inge Aicher-Scholl eine gute Basis dar.
Bernd Aretz: Sophie Scholl. Ein Lebensbild, München/Zürich/Wien: Verlag Neue Stadt 2013,
Maren Gottschalk: Schluss. Jetzt werde ich etwas tun. Die Lebensgeschichte der Sophie Scholl, Weinheim: Beltz & Gelberg 2012 (im Folgenden zitiert: Gottschalk),
Ethel Tolansky, Helena Scott: Sophie Scholl and the White Rose. Resistance to the Nazis, London: Catholic Truth Soc. 2012,
Barbara Beuys: Sophie Scholl. Biografie, München: Hanser 2010 (im Folgenden zitiert: Beuys),
Barbara Leisner: Sophie Scholl und der Widerstand der Weißen Rose. Lebendige Biographien, Würzburg: Arena 2010,
Frank McDonough: Sophie Scholl: The real story of the woman who defied Hitler, Stroud: The History Press, 2009,
Barbara Sichtermann: Wer war Sophie Scholl? Berlin: Jacoby & Stuart 2008,
Annette E. Dumbach, Jud Newborn: Sophie Scholl and the White Rose, Oxford: Oneworld 2006,
Peter Selg: »Wir haben alle unsere Maßstäbe in uns selbst«: Der geistige Weg von Hans und Sophie Scholl, Dornach: Verlag am Goetheanum 2006,
Breinersdorfer, Fred (Hrsg.): Sophie Scholl – die letzten Tage, Frankfurt a. M.: Fischer TB 2005 (Buch zum Film),
Barbara Leisner: »Ich würde es genauso wieder machen«. Sophie Scholl, München: List Taschenbuch 2000,
Thomas Hartnagel (Hrsg.): Sophie Scholl – Fritz Hartnagel: Damit wir uns nicht verlieren, Briefwechsel 1937–1943, Frankfurt a. M.: S. Fischer 2005 (im Folgenden zitiert: Hartnagel, (Hrsg.), Briefe),
Hermann Vinke: Das kurze Leben der Sophie Scholl. Mit einem Interview von Ilse Aichinger, Ravensburg: Maier, 1980, zahlreiche Wiederauflagen, zuletzt 2013 (im Folgenden zitiert: Vinke).
Hermann Eimüller: Sophie Scholl. Ein Lebensbühnenfilm (Theaterstück), Augsburg: Drachenpresse 2004,
Werner Milstein: Mut zum Widerstand. Sophie Scholl – ein Porträt, Neukirchen-Vluyn: Neukirchener Verl.-Haus 2003.
Nicht mitgezählt sind zahlreiche biografische Artikel über Sophie Scholl in Sammelbänden.

In seiner 2013 gesendeten Reihe »Frauen, die Geschichte machten« stellt das ZDF Sophie Scholl als eine der zentralen Protagonistinnen dar, die zu unterschiedlichen Zeiten Politik und gesellschaftliches Leben beeinflussten, und begründet die Wahl wie folgt: »Den Platz in den Geschichtsbüchern erhielt sie nicht, weil sie etwas bewegte, sondern weil sie Stellung bezog und für ihre Haltung in den Tod ging. Dadurch wurde sie posthum zum Vorbild und zur moralischen Instanz.«[10]

Aber muss diese Begründung nicht für alle weiteren, zum Tode verurteilten und vom NS-Gewaltstaat hingerichteten Personen des Widerstandskreises Weiße Rose gelten – also für Alexander Schmorell, Hans Scholl, Christoph Probst, Willi Graf, Kurt Huber und für Hans Leipelt? Mit ihnen allen verbindet sich jener Aufruf der Weißen Rose, der auf unser heutiges Leben zielt, nämlich individuelle Freiheit, Übernahme von Verantwortung, Handeln nach eigenem Gewissen, Toleranz und Menschenwürde schützen!

Anders gefragt: Was hebt Sophie Scholl weit über andere Heldinnen und Helden des Widerstandes hinaus, lässt sie zur Ikone werden? Eine Antwort darauf – so meine ich – ist in ihrem Leben und in ihrer charismatisch wirkenden Persönlichkeit zu finden.

Sophie Scholl wurde als viertes von fünf Kindern des Ehepaares Robert und Magdalena Scholl am 9. Mai 1921 in Forchtenberg, im Hohenlohekreis (Baden-Württemberg) geboren. Der Vater, selbst zeitlebens liberal, politisch denkend und weltoffen, war in der damals kleinen Landgemeinde mit gerade einmal 518 wahlberechtigten Bürgern von 1919 bis 1930 Bürgermeister. Die Mutter, bis zur Eheschließung 1916 Diakonissin, prägte die Kinder im christlich-humanistischen Geist. Die fünf Scholl-Kinder und der Pflegesohn Ernst Gruele verbrachten in Forchtenberg unbeschwerte, naturverbundene Kinderjahre. Der Ort sei – so ihre Biografin Barbara Beuys – im späteren Leben der Sophie Scholl gestanden »für eine fast grenzenlose Freiheit. Die Freiheit, als Einzelne oder in der Kindergemeinschaft ungefährdet Raum und Zeit zu durchqueren«[11]. Die

10 ZDF, http://www.zdf.de/frauen-die-geschichte-machten/sophie-scholl-seele-des-widerstands-frauendiegeschichtemachten-29817172.htmlHomepage, Zugriff 1.5. 2014

11 Beuys, S. 52. Zu weiteren biografischen Daten Beuys und Gottschalk, ebenda.

Sehnsucht nach einer spürbaren, engen Verbindung zur Natur habe sich in diesen Lebensjahren in ihr herausgebildet.

Nach dem bitter erlebten Verlust des Bürgermeistermandats des Vaters in Forchtenberg im Jahr 1930 siedelte die Familie nach Ludwigsburg über, 1932 dann nach Ulm.[12] Für die knapp elfjährige Sophie änderte sich mit dem Schulwechsel zum 14. April 1932 in die Mädchenoberrealschule Ulm erneut ihre Lebenswelt.

In der jüngeren Literatur zur Weißen Rose wird ausführlich erörtert, wie lange und warum die Scholl-Kinder den Jugendorganisationen der NSDAP angehörten und warum sie dort alle – außer dem Jüngsten, Werner – schnell Leitungsaufgaben übernahmen. Inge Scholl stieg bis zur Leiterin eines »Ringes« im Bund Deutscher Mädel (BDM) mit rund 500 Mädchen auf. Dem sechzehnjährigen Hans Scholl unterstanden als »Fähnleinführer« 160 Jungen, bis es an Ostern 1936 zum Streit um seine unerlaubte Gruppenfahne kam.[13]

Sophie Scholl, fast dreizehnjährig, legte am Abend des 20. April 1934 zusammen mit anderen »Neuen« auf der Ulmer Gänsewiese ihr Gelöbnis für die »Jungmädelschaft« ab.[14] Ein Jahr später war sie »Jungmädelschaftsführerin« und betreute fünfzehn Mädchen im Alter von zehn bis vierzehn Jahren. Damit übernahm sie eine neue Rolle, die ihre gleichaltrige Freundin Susanne Hirzel folgendermaßen umschreibt: Sophie »war wie ein feuriger wilder Junge, trug die dunkelbraunen glatten Haare im Herrenschnitt und hatte mit Vorliebe eine blaue Freischarbluse oder eine Winterbluse ihres Bruders an. Sie war keck, mit heller klarer Stimme, kühn in unseren wilden Spielen und von einer göttlichen Schlamperei.«[15] Im Mai 1936 wurde Sophie »Scharführerin« und damit war sie für vier »Jungmädelschaften« verantwortlich.

Sehen wir in der begeisterten, in ihrer Gruppe beliebten, sich dem Kleidungskomment nicht vollends unterwerfenden »Jungmädelführerin« bereits jene Sophie Scholl, die sich nicht in die gängige Mädchen- und Frauenrolle hatte pressen lassen, die – entgegen

12 Beuys, S. 53.

13 Gottschalk, S. 63, Beuys, S. 120f. Hans Scholl gehörte jedoch weiter der Hitlerjugend – jetzt degradiert – an, bis er im November 1936 wegen der Reifeprüfung davon beurlaubt wurde.

14 Gottschalk, S. 40, und Beuys im Folgenden, S. 92f.

15 Zit. nach Beuys, S. 102f. Die Schilderung hatte Susanne Hirzel 1946 per Brief der Schriftstellerin Ricarda Huch zukommen lassen, die Material für ein geplantes Buch über die jungen Widerständler sammelte.

der Norm – rauchte, ihre Individualität lebte, gerne Verantwortung übernahm und sich später aus dem Widerstand ihres Bruders nicht heraushalten ließ?

Unbestritten ist, dass »Sophie Scholl … in der Jungmädelarbeit die Möglichkeit [entdeckte], ihre Talente zu entfalten.« Es sei – so Maren Gottschalk weiter – für Mädchen damals etwas völlig Neues gewesen, allein auf Fahrt zu gehen oder Radtouren und Zeltlager zu organisieren.[16] Die fünfzehnjährige Sophie unternahm mit ihrer Mädchengruppe abenteuerlich anmutende Fahrradtouren mit Selbstversorgung, Naturerleben, Zeltübernachtungen und romantisch-nächtlichen Lagerfeuern.

Als Sophie am 31. August 1937 von einer großen Sommerfahrt in den Böhmerwald zurück kam, schrieb sie einen Satz in ihr Tagebuch, der uns heute einen Hinweis gibt auf ihr inzwischen verändertes Verhältnis zur Hitlerjugend: »Von der H.J. habe ich mich ohne mein Wollen ganz gelöst. Ich habe nichts mehr zu geben, nichts mehr zu nehmen«[17]. Sie blieb ihr jedoch zugehörig, erst im Frühjahr 1938 wurde Sophies Führungsaufgabe beim BDM nach einem Konflikt beendet. Wie beim Streit des Bruders ging es um eine von der HJ-Ordnung nicht erlaubte Fahne. Sophie und andere Gruppenführerinnen hatten sich statt des Hakenkreuzes einen Drachen auf ihren Wimpel genäht – offenbar ihrem Wunsch nach Individualität entsprechend. Demütigend wurden die Mädchen vor ihren Gruppen als Führerinnen abgesetzt.[18] Sophie ging bis 1941 weiter zu den Gruppenstunden, wie sie im Verhör aussagte, allerdings sei sie in den letzten zwei Jahren »mit dem Herzen nicht mehr bei der Sache« gewesen.[19]

Die durch Gruppenzwang erfolgte Einbuße an individueller Lebensgestaltung, die Ausgrenzung jüdischer Freundinnen und nicht zuletzt eine tiefgehende Erfahrung in der Familie erschütterten Sophies Vertrauen in den NS-Staat. Im November 1937 durchsuchte die Gestapo die elterliche Wohnung, verhaftete die Geschwister Werner und Inge sowie noch ein Dutzend Ulmer Jugendliche.

16 Gottschalk, S. 50, 77.
17 Zit. nach Beuys, S. 147.
18 Gottschalk, S. 89, Beuys, S. 161.
19 Gestapo-Verhörprotokoll, veröffentlich in Ulrich Chaussy, Gerd R. Ueberschär: »Es lebe die Freiheit!« Die Geschichte der Weißen Rose und ihrer Mitglieder in Dokumenten und Berichten, Frankfurt a. M.: Fischer TB 2013, S. 219.

Sie wurden nach Stuttgart zu Verhören gebracht und tagelang festgehalten. Der Vorwurf lautete auf »bündische Umtriebe«. Hans Scholl, inzwischen Wehrdienstleistender, wurde Mitte Dezember 1937 ebenfalls verhaftet und mit den Vorwürfen »bündische[r] Umtriebe« und »homosexuelle[r] Handlungen« einem gerichtlichen Verfahren ausgesetzt.[20]

Mehr und mehr wandte sich die heranwachsende Sophie Musik und Literatur zu, fand große Freude am Zeichnen und begann, über philosophische Fragen nachzudenken. In der Familie galt sie als »begabte Künstlernatur«, der Privatstunden bei den Malern Albert Kley und Wilhelm Geyer finanziert wurden.[21] Ihre erhaltenen Portraitzeichnungen lassen großes zeichnerisches Talent erkennen. Ihr Tagebuch und ein reichhaltiger Briefwechsel, insbesondere mit Fritz Hartnagel, dem Freund ab Herbst 1937, dokumentieren Sophies vielseitige Begabungen und ihre Interessen.

Das Umtriebige der frühen BDM-Jahre schien zu verebben. Sophie – das ist aus heutiger Distanz gut nachvollziehbar – wuchs zu einer intelligenten, kritischen, jungen Frau heran, die über ihre Jugendjahre zu einer unabhängigen Meinung gefunden hatte. »Wir haben alle unsre Maßstäbe in uns selbst«, schrieb sie 19-jährig an Fritz Hartnagel, »nur werden sie zu wenig gesucht. Vielleicht auch, weil es die härtesten Maßstäbe sind.«[22]

Ihre musikalische Empfindsamkeit wird zu Recht oft mit jener poetischen Stelle im Brief vom 17. Februar 1943 an Lisa Remppis, die enge Freundin, belegt: »Ich lasse mir gerade das Forellenquintett vom Grammophon vorspielen. Am liebsten möchte ich da selbst eine Forelle sein, wenn ich mir das Andantino anhöre. […] Man spürt und riecht in diesem Ding von Schubert förmlich die Lüfte und Düfte und vernimmt den ganzen Jubel der Vögel und der gan-

20 Barbara Ellermeier: Hans Scholl, Biographie, Hamburg: Hoffmann und Campe 2012, S. 26f. und Aussage Sophie Scholl im Verhör am 18.2.1943, ebenda. S. 220. Das Urteil »ein Monat Gefängnis« wurde dank der Amnestie infolge des »Anschlusses Österreichs« aufgehoben.

21 Gottschalk, S. 94.

22 16. Mai. 1940, in: Sophie Scholl, Fritz Hartnagel. Damit wir uns nicht verlieren, Briefwechsel 1937–1943, hrsg. von Thomas Hartnagel, Frankfurt a. M.: S. Fischer, 2. Auflage 2005, S.168, im Folgenden zitiert als Hartnagel (Hrsg.), sowie Hans Scholl und Sophie Scholl. Briefe und Aufzeichnungen, hrsg. von Inge Jens, Frankfurt a. M.: Fischer TB 1988, S. 176, im Folgenden zitiert: Inge Jens (Hrsg).

zen Kreatur. Die Wiederholung des Themas durch das Klavier – wie kaltes klares perlendes Wasser, oh es kann einen entzücken.«[23]

Täglich übte Sophie am Klavier und ließ keine Unterrichtsstunde aus. Johann Sebastian Bach schätzte sie, wie wir ebenfalls aus einem Brief an Lisa Remppis erfahren, als den »beste[n] Erzieher«. »Andere berauschen, sie heben einen weg in Gefühle. Bei Bach aber muss man große Beherrschung zum Spiel und zur Klarheit aufbringen; der Lohn ist, dass man dabei selbst klar [...] wird.«[24]

Als sich die Abiturientin Sophie Scholl im Frühjahr 1940 für die einjährige Ausbildung als Kindergärtnerin entschloss, verband sie damit die Hoffnung, dem ungeliebten sechsmonatigen Reichsarbeitsdienst (RAD) entgehen zu können. Sophie habe wenig Lust auf Gemeinschaftsunterkünfte, weltanschaulichen Unterricht und Marschieren gehabt, berichtete ihre Freundin Susanne Hirzel später und betonte, dass sie Sophie im Evangelischen Fröbelseminar in Ulm-Söflingen bereits als entschiedene Gegnerin von Adolf Hitler erlebt habe.[25]

Barbara Beuys erkennt hingegen noch einen früheren, »klaren Weg zur Gegnerschaft« von Sophie Scholl, und zwar mit Kriegsbeginn im September 1939. Zum Beleg verweist sie auf ihren Brief vom 5. September 1939 an Fritz Hartnagel, den Berufssoldaten, in dem es heißt: »Ich kann es nicht begreifen, dass nun dauernd Menschen in Lebensgefahr gebracht werden von anderen Menschen. Ich kann es nie begreifen und ich finde es entsetzlich. Sag nicht, es ist fürs Vaterland.«[26]

Mit dem Abschlusszeugnis als Kindergärtnerin in der Hand erfuhr Sophie am 22. März 1941, nun doch Reichsarbeitsdienst leisten zu müssen. Diesen trat sie am 6. April 1941 im RAD-Lager Krauchenwies in der Nähe von Sigmaringen an. Fortan lebte sie gewissermaßen kaserniert, in Uniform des RAD und mit Nächten im kalten Zehnbettzimmer. Wie die anderen jungen Frauen musste sie vor dem Einsatz auf einem Bauernhof zwei Monate lang militärischen Drill über sich ergehen lassen. Nach Hause schreibt sie frustriert: »Wir leben sozusagen als Gefangene, da nicht nur Arbeit, sondern auch

23 Inge Jens (Hrsg.), S. 292 f.

24 Zit. nach Gottschalk, S. 117 (Brief datiert vom 10.2.1940).

25 Zit. nach Gottschalk, S. 125, siehe auch S. 108.

26 Inge Jens (Hrsg.), S. 162, vgl. auch Barbara Beuys, ZDF-Text zur Dokumentation 2013.

Freizeit zum Dienst wird«[27]. Maren Gottschalk deutet diese neue Erfahrung als »Kulturschock« für Sophie Scholl.[28]

Im August hieß es für die jungen Frauen plötzlich, sie hätten noch ein weiteres halbes Jahr Kriegshilfsdienst abzuleisten. Sophie bewährte sich in der praktischen Arbeit: Im September 1941 führte sie den kompletten Haushalt einer Familie mit zwei Kindern, einen Monat später leitete sie – wiederum vom RAD-Lager Blumberg aus – im zehn Kilometer entfernten Fürstenberg einen Kindergarten. Jetzt beginne der Krieg sich »mächtig auszuwirken, in jeder Beziehung«[29], schrieb sie an Lisa Remppis. Ein weiterer kriegsbedingter Einsatz wartete noch auf sie: Im August und September 1942 musste Sophie – jetzt als Studentin – in einer Ulmer Schraubenfabrik Kriegshilfsdienst ableisten.[30]

Als die einundzwanzigjährige Sophie Scholl im Mai 1942 in München das Studium der Philosophie und Biologie endlich aufnehmen konnte, hatten Unfreiheit und Zwang in Reichsarbeitsdienst und Kriegshilfsdienst ihre Gegnerschaft zum Nationalsozialismus verstärkt. Sie integrierte sich schnell im studentischen Freundeskreis, der sich um ihren Bruder Hans und Alexander Schmorell – beide zum Medizinstudium freigesetzte Soldaten – gebildet hatte. Die gegenüber NS-Staat und Krieg kritisch gesinnten Studierenden gingen gemeinsam ihren Interessen an Literatur, Kunst, Musik und Sport nach.

Sophie Scholl wohnte übergangsweise bei dem katholischen Publizisten Carl Muth (1867–1944). Über ihn lernte sie Schriftsteller wie Werner Bergengruen und Sigismund von Radecki kennen, auch den katholischen Essayisten und Philosophen Theodor Haecker[31]. Aufgeschlossen nahm sie deren Argumente und Denken wahr. Sie schätzte auch die langen Gespräche mit dem ehemaligen und regimekritischen Justizbeamten Josef Furtmeier (1887–1969), den sie den »Philosophen«[32] nannte. Am 17. Juni 1942 begegnete das Ge-

27 Zit. nach Vinke, S. 87.

28 Gottschalk, S.149.

29 11.8.1941, Inge Jens (Hrsg.), S. 230.

30 Gottschalk, S. 192.

31 Mehr hierzu: Christian Petry, Studenten aufs Schafott. Die Weiße Rose und ihr Scheitern. München: Piper Paperback 1968, S. 36f.

32 Zit. nach Gottschalk, S. 174. Vgl. auch Sönke Zankel/Christine Hikel, Ein Weggefährte der Geschwister Scholl, Die Briefe des Josef Furtmeier 1938–1947, München: dtv 2005.

schwisterpaar bei einer literarischen Abendgesellschaft im Hause des Medizinprofessors Viktor Mertens erstmals Kurt Huber.[33] An diesem Abend und bei einem weiteren Leseabend Anfang Juli äußerte Huber harsche Regimekritik und dass man etwas tun müsse, notfalls passiven Widerstand leisten. Hans Scholl stimmte ihm zu.

Diese gemeinsamen Leseabenden des Freundeskreises, die schon ab 1941 stattfanden – erst im Hause Schmorell, später bei Familie Mertens und im Atelier des Architekten Manfred Eickemeyer[34] – werden der Kategorie des passiven Widerstandes zugerechnet. Bei den Studierenden schärfte die Lektüre »verbotener« Bücher den kritischen Blick auf Diktatur und Krieg und schuf eine geistige Gegenwelt zum Nationalsozialismus. Nachweislich führten diese Abende im Sommer 1942 auch zu hochbrisanten politischen Diskussionen.[35] In diesem Zusammenhang ist auf die intensive Lesekultur im Hause Scholl hinzuweisen, die den Literaturabenden im Freundeskreis vorausgegangen war. Die Geschwister empfahlen sich gegenseitig nicht-regimegenehme Bücher wie von Thomas Mann, Bernhard Shaw, Fjodor Dostojewski, Stefan Zweig und lasen zum Beispiel gemeinsam Georges Bernanos »Tagebuch eines Landpfarrers«[36].

Hans Scholl und Alexander Schmorell handelten im Juni und Juli 1942 tatsächlich widerständig. Sie verfassten unter hoher Geheimhaltung – auch gegenüber den Freunden – vier Flugschriften mit dem Titel »Flugblätter der Weissen Rose« und vervielfältigten sie im Hause der Familie Schmorell mit einem Hektographiergerät. Die in einer Auflage von je 100 Stück hergestellten Flugblätter verschickten sie zwischen dem 27. Juni und dem 12. Juli 1942 nacheinander per Post – bevorzugt an Intellektuelle, von denen sie sich am ehesten Widerstand erwarteten.[37]

33 Christiane Moll (Hrsg.), Gesammelte Briefe, Alexander Schmorell, Christoph Probst, Berlin: Lukas-Verlag 2011, Einführung, S. 180–187, hier: S. 185 f., im Folgenden zitiert: Moll, Einführung; Beuys, S. 253 f.

34 Beuys, S. 359 f. und Moll, Einführung.

35 Vgl. Moll, Einführung, S. 187.

36 Vgl. dazu Beuys, S. 254 f. Verbürgt ist zum Beispiel diese Lesung zusammen mit Freunden zur Jahreswende 1940/41 auf einer Skihütte im Lechtal. Georges Bernanos (1888–1948) ist Hauptvertreter der »Renouveau Catholique«, einer katholischen Erneuerungsbewegung in Frankreich. 1936 erschien die deutsche Erstausgabe von »Tagebuch eines Landpfarrers« im Thomas-Verl. J. Hegner in Wien.

37 Vgl. Beuys, S. 362, und Moll, Einführung, S. 188 f.

Mit den Flugblättern wollten Hans Scholl und Alexander Schmorell die Deutschen wachrütteln. Sie appellierten darin an ihr Gewissen und ihre Urteilskraft und forderten zu passivem Widerstand auf. Wegen des verbrecherischen Charakters des NS-Regimes sei Widerstand – so im ersten Flugblatt – »einzige und höchste Pflicht eines jeden Deutschen«. Bereits im zweiten Flugblatt verurteilten sie die Gräueltaten gegen Juden als das »fürchterlichste Verbrechen an der Würde des Menschen«.[38] Mit dem dreimonatigen Einsatz der jungen Sanitätssoldaten ab dem 23. Juli 1942 an der Ostfront endete diese Widerstandsaktion.

War Sophie Scholl im Sommer 1942 schon darin einbezogen? Hierfür gibt es keine Bestätigung, jedoch einen Hinweis von Fritz Hartnagel. Sophie habe ihn im Mai 1942 gebeten, einen Vervielfältigungsapparat zu besorgen, was er nicht konnte, und ihr 1000 Mark für einen nicht näher erläuterten »guten Zweck« zu geben, was er tat.[39] Sie selbst bestritt im Gestapo-Verhör entschieden, »sowohl mit der Abfassung, der Herstellung oder Verbreitung dieser Schrift [den ersten vier Flugblättern, Anm.] auch nur das Geringste zu tun zu haben.« [40] Es ist jedoch belegt, dass sie diese und, wie Traute Lafrenz, ihre Verfasser sehr wohl kannte. [41]

Im August, zurück in Ulm, sah sich Sophie zusammen mit der Familie in Bedrängnis. Robert Scholl war wegen eines »Heimtückevergehens«, konkret wegen Aussagen wie »Hitler ist eine Gottesgeißel für Europa« und »in diesem Krieg geht es um die Macht der Partei« vor Gericht gestellt worden. Vier Monate Gefängnis lautete das harte Urteil. Nach seiner vorzeitigen Haftentlassung folgte am 23. Oktober 1942 das Berufsverbot; er durfte seine Steuerberaterkanzlei nicht selbständig weiterführen.[42]

38 Hans Scholl hatte bereits 1941 und später von Manfred Eickemeyer, der als Architekt in Polen tätig war und dessen Atelier in München die Widerständler nutzen konnten, von den Massenmorden an (polnischen) Juden erfahren (vgl. Moll, Einführung, S. 148 f.). Fritz Hartnagel berichtete Sophie Scholl darüber aus Russland.

39 Peter-Normann Waage, Es lebe die Freiheit! Traute Lafrenz und die Weiße Rose, Stuttgart: Urachhaus 2012, S. 79, Beuys, S. 362 f.

40 Protokoll, Chaussy, Hrsg., S. 248.

41 Darauf verweist sowohl ihre eigene Aussage als auch die Erinnerung von Traute Lafrenz. Vgl. Protokoll, S. 247 und Waage, S. 121 f., Gottschalk 182 f.

42 Moll, Einführung S. 160 f., Hans Scholl, Tagebuch 18.8.1942, in: Inge Jens (Hrsg.), S. 122, Beuys, S.369 f., Gottschalk S. 196. Robert Scholl war 1930 als Geschäftsführer beim »Malerbund« in Stuttgart tätig geworden, hatte sich an

In diese Zeit fiel die nachweisbare Entscheidung Sophie Scholls, selbst zu handeln. Sie bat – ohne Absprache mit dem Bruder – Hans Hirzel, den jüngeren Bruder ihrer Freundin Susanne, einen Vervielfältigungsapparat zu kaufen. Er kam dieser Bitte nach, vermutlich mit dem Geld, das Fritz Hartnagel Sophie im Mai für den angeführten »guten Zweck« gegeben hatte.[43]

Die Sanitätssoldaten Hans Scholl und Alexander Schmorell bestärkte der dreimonatige Russlandeinsatz in ihrem Widerstand nachhaltig. Im November zurück in München, waren sie noch überzeugter und entschlossener zu handeln als zuvor. Jetzt beteiligten sich aktiv auch Willi Graf, Sophie Scholl, Kurt Huber, Traute Lafrenz und weitere Freunde, die sie nach und nach einbezogen.

Später wird Sophie Scholl im Gestapo-Verhör aussagen, sie habe kurz nach Neujahr 1943 zusammen mit ihrem Bruder das Flugblatt »Aufruf an alle Deutschen«, also das fünfte Flugblatt, verfasst; Alexander Schmorell habe den Entwurf dann akzeptiert.[44] Anderweitig ist abgesichert, dass Kurt Huber zentrale Passagen dieses Flugblattes im Januar korrigiert hatte, was Sophie im Verhör zu dessen Schutz ebenso wenig erwähnte wie die Mithilfe von Traute Lafrenz.

Sophie besorgte zusammen mit ihrem Bruder und gelegentlich mit Traute Lafrenz unter schwierigen Umständen 10.000 Blatt Abzugspapier, 2.000 Briefumschläge und Briefmarken. Sie schrieb, wie Hans und Alexander Schmorell, hunderte von Adressen im Deutschen Museum ab, übertrug diese auf Kuverts und führte die Kasse. Ca. 20 Matrizen sowie den Vervielfältigungsapparat habe Hans gekauft, sagte sie aus; tatsächlich organisierte diesen – wie zuvor im Juni – Alexander Schmorell.[45]

Rund 6.000 Abzüge des Flugblattes »Aufruf an alle Deutschen« wurden im Atelier von Manfred Eickemeyer hergestellt. Viele Exemplare wurden sodann in Briefkuverts gepackt und mit Adres-

der Verwaltungsakademie weitergebildet und trat 1932 als Wirtschaftsprüfer und Steuerberater in das Ulmer Steuerbüro Dr. Albert Mayer ein.

43 Gottschalk, S. 194 und S. 188, Beuys, S. 373 f. mit Bezug zum Interview von Katrin Seybold. Später versenkte Hirzel den Apparat in der Donau. Er ist am 22. Juli beim Abschiedsabend der Sanitätssoldaten in München gewesen und habe – wie er sich erinnerte – Diskussionen mitangehört, die eindeutig den Tatbestand des Hochverrats erfüllt hätten.

44 Protokoll, Chaussy, Hrsg. S. 231 f. Hans Scholl hingegen übernahm im Verhör die alleinige Verantwortung, Protokoll, ebenda, S. 274.

45 Protokoll, Chaussy, Hrsg., S. 232 und Gottschalk, S. 209, Beuys, S. 406.

sen in Wien, Salzburg, Linz, Augsburg, Stuttgart, Saarbrücken und Frankfurt versandfertig gemacht.[46] Die Briefe mit dem flammenden Aufruf zum Widerstand und zur Beendigung des Krieges sowie der Forderung nach Freiheitsrechten – »Freiheit der Rede, Freiheit des Bekenntnisses, Schutz des einzelnen Bürgers vor der Willkür verbrecherischer Gewaltstaaten«[47] – wurden mit hohem persönlichem Risiko in verschiedene deutsche und österreichische Städte gebracht. Es sollte eine große Widerstandsbewegung vorgetäuscht werden. Sophie Scholl übernahm den Transport nach Augsburg, Ulm und indirekt nach Stuttgart.[48] Zudem wurden in der Nacht vom 28. auf den 29. Januar 1943 in München rund 2.000 Flugblätter verstreut. Sophie trug tagsüber sogar Flugblätter bei sich, um sie »bei günstiger Gelegenheit« – wie sie sagte – in Telefonzellen oder parkenden Autos auszulegen.

Das sechste und letzte Flugblatt, betitelt mit »Kommilitoninnen! Kommilitonen!«, verfasste unter dem Eindruck der verheerenden Niederlage von Stalingrad Anfang Februar 1943 weitgehend Kurt Huber. Im Namen der deutschen Jugend wird darin die persönliche Freiheit gefordert und dazu aufgerufen, die Diktatur zu überwinden sowie den Krieg zu beenden.

Etwa zeitgleich, nämlich in den Nächten des 3., 8. und 15. Februars, brachten Hans Scholl, Alexander Schmorell und Willi Graf mit Teerfarbe und Schablone Parolen wie »Nieder mit Hitler«, »Freiheit« und »Hitler Massenmörder« an öffentlichen Gebäuden in der Münchner Innenstadt an. Sophie konfrontierte ihren Bruder mit ihrer Vermutung, dass er es gewesen sei, und riet ihm, sie künftig »bei ähnlichen Schmierereien mitzunehmen, um ihn vor evtl. Überraschungen zu schützen«[49].

Auch bei der Herstellung des letzten Flugblattes im Zeitraum vom 6. bis 15. Februar wirkte Sophie Scholl mit. Etwa 1.000 der rund 3.000 gefertigten Exemplare wurden verschickt und 500 in München verteilt. Die restlichen 1.500 Flugblätter packten Hans und Sophie

46 Protokoll, Chaussy, Hrsg., S. 232 f. Im Folgenden ebenda Beuys, S. 416 f.

47 Flugblatt V; Bundeszentrale für politische Bildung, »Wir sind Euer böses Gewissen«. Die Flugblätter der Weißen Rose. www.bpb.de/geschichte/nationalsozialismus/weisse-rose/61008/die-flugblaetter-im-wortlaut.

48 Alexander Schmorell gelangte mit gefälschten Reiseerlaubnissen nach Salzburg, Linz und Wien, Willi Graf nach Saarbrücken, Köln, Bonn und Freiburg.

49 Protokoll, Chaussy, Hrsg., S. 253.

Scholl am Vormittag des 18. Februar im Alleingang in einen Koffer und eine Aktentasche, um sie im Hauptgebäude der Münchner Universität auszulegen.[50]

Was nun folgt, steht uns nicht zuletzt durch Filme und Dokumentationen bildhaft vor Augen: Lichthof und Gänge waren noch menschenleer, die Vorlesungen liefen noch. Das Geschwisterpaar legte die Flugblätter in kleinen Packen vor den Hörsaaleingängen und auf Treppenstufen ab. Schon am Hinterausgang angekommen, kehrten sie plötzlich um, eilten die Treppe zum ersten Stock hoch, um dort die restlichen Blätter abzulegen. Sophie hastete noch einen Stock höher, legte einen Stapel von 80 bis 100 Blättern auf die Brüstung über dem Lichthof. Die Blätter flatterten in den Lichthof, möglicherweise hatte sie den Stapel selbst angestoßen. Der Hausschlosser der Universität sah die Geschwister, die sich ohne Gegenwehr von ihm festhalten ließen. Sie wurden ins Rektoratszimmer gebracht und weiter zur Vernehmung in die Gestapo-Zentrale im Wittelsbacher Palais.

Noch in der Nacht des 18. Februars wurde Willi Graf verhaftet, tags darauf Christoph Probst in Innsbruck (von ihm hatte Hans Scholl einen Flugblattentwurf in der Tasche), am 24. Februar Alexander Schmorell und am 27. Februar Kurt Huber. Zahlreiche weitere Verhaftungen im Freundeskreis folgten.

Im ersten Verhör gelang es Sophie und Hans Scholl noch zu leugnen. Nach der Durchsuchung ihrer Wohnung sprachen die aufgefundenen Beweise gegen sie, worauf beide in den Verhören gestanden.

Bereits am 22. Februar 1943 verurteilte der extra aus Berlin angereiste Volksgerichtshof mit seinem Präsidenten Roland Freisler in einem Schauprozess die Geschwister und Christoph Probst wegen »landesverräterischer Feindbegünstigung, Vorbereitung zum Hochverrat und Wehrkraftzersetzung« zum Tode.

Noch am gleichen Tag, spätnachmittags, wurden sie mit dem Fallbeil hingerichtet. Graf, Schmorell und Huber wurden im zweiten Prozess am 19. April 1943 ebenfalls vom Volksgerichtshof zum Tode verurteilt und am 13. Juli bzw. 12. September 1943 mit dem Fallbeil ermordet. Außerdem wurden über 20 Personen mit zum Teil langen Haftstrafen belegt.

50 Protokoll, Chaussy, Hrsg., S. 253 f. Im Folgenden ebenda sowie Beuys, S. 441 f.

Hans Scholls letztes Bekenntnis vor der Hinrichtung »Es lebe die Freiheit« hat sich in unsere Erinnerung an die Widerstandsgruppe tief eingegraben. Wir deuten es als Fanal seines Freiheitsbegehrens.

Sophie Scholl hinterließ uns ebenfalls ein ergreifendes Statement ihres Freiheitswillens. Sie schrieb mit fein ziselierter Schrift mehrmals »Freiheit« auf die Rückseite ihres Vernehmungsprotokolls. Dieser stumme und doch so mächtige Protest gegen die NS-Diktatur berührt uns tief.

Auf unsere Zeit angewandt deuten wir ihn ebenso als Protest gegen alle Freiheit beschränkenden Diktaturen wie auch Sophie Scholls Aussage im Gestapo-Verhör:

Als »hauptsächlichen Grund für die Abneigung gegen die (nationalsozialistische) Bewegung möchte ich anführen, dass nach meiner Auffassung die geistige Freiheit des Menschen in einer Weise eingeschränkt wird, die meinem inneren Wesen widerspricht.«[51]

Von Gestapo-Mann Mohr gefragt, ob denn ihre Handlungsweise in der jetzigen Phase des Krieges nicht ein Verbrechen gegenüber der Gemeinschaft, besonders der kämpfenden Truppen im Osten anzusehen sei, antwortete Sophie Scholl: »Von meinem Standpunkt muss ich diese Frage verneinen. Ich bin nach wie vor der Meinung, das Beste getan zu haben, was ich gerade jetzt für mein Volk tun konnte. Ich bereue deshalb meine Handlungsweise nicht und will die Folgen, die mir aus meiner Handlungsweise erwachsen, auf mich nehmen.«[52]

Durch Sätze wie diese begreifen wir den Mut und die Motivation der jungen Widerständlerin. Wir bewundern ihre persönliche Stärke und Sicherheit, mit der sie dem das Verhör leitenden Beamten widerstand, ihm mit gewandten Sätzen auswich und weitere Beteiligte schützte. Wir nehmen durch ihr Handeln und ihre Worte eine beeindruckende Entschiedenheit und Kompromisslosigkeit wahr.

Sophie Scholl handelte entgegen der vom politischen und gesellschaftlichen Kontext ihrer Zeit geprägten Frauenrolle, die politisches Engagement von Frauen nicht vorsah. Mit klarer politischer Meinung drängte sie sich in die Widerstandsaktionen und übernahm hochriskante Aufgaben wie Papier- und Briefmarkenkäufe sowie Zugfahrten zur Verteilung der Flugblätter. Nach dem selbstgewählten Motto »einer muss ja damit einmal anfangen« stand sie für ihr

51 Protokoll, Chaussy, Hrsg., S. 220.
52 Protokoll, Chaussy, Hrsg., S. 254.

Denken und Handeln ein, lehnte eine Offerte im Laufe des Verhörs ab, vom Bruder zu den Handlungen verführt worden zu sein.

Für sie war es – wie Barbara Beuys sagt – »eine Sache der Moral und der Politik, des Denkens und Handelns.«[53]

Nicht zuletzt deshalb sehen heute Frauen jeden Alters in Sophie Scholl eine für ihre Zeit überaus politische Frau.

Lassen Sie mich zum Schluss auf die Frage zurückkommen, was macht Sophie Scholl heute mehr als andere Personen des Widerstands zum Vorbild, ja, zur Ikone des Widerstands?

In unserer kollektiven Erinnerung bleibt Sophie Scholl eine sehr junge Frau, die mit bewundernswertem Mut die schrecklichen Konsequenzen ihres Handelns auf sich nahm. Sie konnte eloquent argumentieren und rührt mit poetischen Worten an unser Herz, löst mit Worten und Handeln unsere Empathie aus. Ihr junges Leben erscheint so eindeutig und so unschuldig, nichts aus späteren Lebensjahren kann ihr Lebensbild überschatten oder differenzieren. Sophie Scholl wurde ihren eigenen hohen moralischen Maßstäben gerecht. Dies würdigen wir besonders, denn es sind jene Maßstäbe bzw. Werte, die wir für unser heutiges Zusammenleben als notwendig erachten. Damit kommt sie unserem Bedürfnis nach ungeteilter Bewunderung entgegen.

53 Beuys, S. 457.

Jürgen Zarusky

Widerstand als »Hochverrat«: Politische Justiz, Gegnerspektrum und Widerstandsbegriff

I.

Die Anführungszeichen, in die der Begriff »Hochverrat« im Titel des vorliegenden Beitrags eingeschlossen ist, finden sich auch im Titel der Mikrofiche-Edition »Widerstand als ›Hochverrat‹ 1933–1945«. Die Edition der »Verfahren gegen deutsche Reichsangehörige vor dem Reichsgericht, dem Volksgerichtshof und dem Reichskriegsgericht«, die in den Jahren 1994 bis 1998 im K. G. Saur Verlag erschienen und heute auch als Bestandteil einer großen, vom Nachfolgeverlag De Gruyter angebotenen Datenbank verfügbar ist,[1] umfasst zirka 70.000 Blatt von Urteilen und Anklageschriften aus 1.891 Verfahren gegen 6.030 Angeklagte aus Deutschland und Österreich. Das ist viel, aber nur ein Teil der gesamten Hochverratsjudikatur des »Dritten Reichs«. Die Anführungszeichen sollen verdeutlichen, dass das Institut für Zeitgeschichte als Herausgeber und die Bearbeiter sich ausdrücklich nicht mit der Gleichsetzung von Widerstand und Hochverrat identifizieren. Schon 1952, im Braunschweiger Prozess gegen Otto Ernst Remer, der eine Schlüsselrolle bei der Niederschlagung des Umsturzversuchs vom 20. Juli 1944 gespielt hatte, sich

1 Jürgen Zarusky, Hartmut Mehringer (Bearb.): Widerstand als »Hochverrat« 1933–1945. Die Verfahren gegen deutsche Reichsangehörige vor dem Reichsgericht, dem Volksgerichtshof und dem Reichskriegsgericht. Mikrofiche-Edition und Erschließungsband. München: K. G. Saur 1994–1998. De Gruyter-Datenbank »Nationalsozialismus, Holocaust, Widerstand und Exil 1933–1945«.

in der Nachkriegszeit bis an sein Lebensende 1997 als rechtsextremer Aktivist betätigte und wenige Jahre nach dem Krieg die Widerstandskämpfer um Stauffenberg als Verräter an Volk und Staat diffamierte, schon damals, vor mehr als sechs Jahrzehnten, erklärte Fritz Bauer, Generalstaatsanwalt und Ankläger im Remer-Prozess: »Ein Unrechtsstaat – im Gegensatz zum heutigen Rechtsstaat – … wie das Dritte Reich ist überhaupt nicht hochverratsfähig.«[2]

Bemerkenswert ist vor diesem Hintergrund allerdings die Langsamkeit und Unentschiedenheit bei der Bereinigung der unter Hitler gesprochenen Hochverratsurteile. Erst 1998 wurden sie mit dem »Gesetz zur Aufhebung nationalsozialistischer Unrechtsurteile in der Strafrechtspflege« pauschal aufgehoben.[3] Zwar hatte der Bundestag im Januar 1985 einstimmig erklärt, dass der Volksgerichtshof »kein Gericht im rechtsstaatlichen Sinne, sondern ein Terrorinstrument zur Durchsetzung der nationalsozialistischen Terrorherrschaft war«, weshalb seinen Entscheidungen keine Rechtswirkung zukomme[4], aber das blieb rein deklaratorisch und ohne konkrete Rechtsfolgen. Kritiker wiesen überdies darauf hin, dass der Volksgerichtshof als reines Terrorinstrument dysfunktional gewesen sei. Gerade die Rechtsförmigkeit der Verfahren habe die Wirksamkeit der politischen Justiz begründet.[5] Man hätte auch die Frage stellen können, ob denn jene Oberlandesgerichte, die in die Hochverratsjudikatur quasi als Filialen des obersten politischen Strafgerichts eingebunden waren, ebenfalls als »Terrorinstrumente« zu betrachten seien. Das hätte dann so altehrwürdige Institutionen wie das Berliner Kammergericht oder das Münchener Oberlandesgericht betroffen, die bekanntlich bis heute bestehen.[6]

2 Plädoyer Fritz Bauer im Remer-Prozess, IfZ-Archiv, Signatur: Gb 10.03, S. X.

3 Gesetz zur Aufhebung nationalsozialistischer Unrechtsurteile in der Strafrechtspflege vom 25. August 1998 (BGBl. I S. 2501), zuletzt geändert durch Artikel 1 des Gesetzes vom 24. September 2009 (BGBl. I S. 3150 (Rehabilitierung der wegen »Kriegsverrats« Verurteilten)).

4 »Im Namen des Deutschen Volkes« Justiz und Nationalsozialismus. Katalog zur Ausstellung des Bundesministers der Justiz. Köln: Verl. Wissenschaft und Politik 1989, S. 454.

5 Otmar Jung: Die Urteile des Volksgerichtshofes und der Deutsche Bundestag, in: Zeitschrift für Parlamentsfragen 17 (1986), S. 119–136, S. 125 f.

6 Vgl. Rudolf Wassermann: Das Kammergericht unter dem NS-Regime, in: Recht und Politik 40 (2004), S. 47–57; Hannes Ludyga: Das Oberlandesgericht München zwischen 1933 und 1945. Berlin: Metropol 2012.

Bei der Verfolgung von Widerstand als »Hochverrat« war viel mehr justitielle Normalität im Spiel, als die überlieferten Filmaufnahmen des brüllenden und die ihm ausgelieferten Angeklagten beschimpfenden Roland Freisler nahelegen, die unser Bild deshalb so stark bestimmen, weil Freisler der einzige Nazirichter war, der sich bei der Arbeit – genauer gesagt: bei den Prozessen gegen die Verschwörer des 20. Juli – hat filmen lassen.[7] Gerade weil die politische Justiz den Anschein vermittelte, es gehe alles mit rechten Dingen zu, weil sich hier die politische Repression mit der juristischen Legitimation überschnitt, war ihre Wirkung so nachhaltig und überzeugend, dass sich der bundesdeutsche Rechtsstaat noch Jahrzehnte später schwertat, sich davon freizumachen. Das hat natürlich auch mit personellen und mentalen Kontinuitäten zu tun, die vor, während und nach der Herrschaft Hitlers bestanden.

Die Verfolgung der meisten aktiven politischen Gegner des NS-Regimes in Deutschland mündete jedenfalls in Gerichtsverfahren, in deren Zentrum der Vorwurf der Vorbereitung zum Hochverrat stand. Gesetzgebung und Rechtsprechung hatten diesen Straftatbestand bereits in den ersten Monaten des Hitler-Regimes so modifiziert, dass er zum entscheidenden justitiellen Instrument der Widerstandsbekämpfung wurde.

Im Folgenden sollen drei Fragen im Zentrum stehen, nämlich:

Wie wurde im Bereich der Gesetzgebung, Rechtsprechung und des Gerichtswesens eine den Interessen des NS-Regimes entsprechende Hochverratsjudikatur geschaffen?

Wer wurde von ihr erfasst?

Welche Überlegungen für das Verständnis des Widerstandsbegriffs ergeben sich daraus?

Der Schwerpunkt liegt dabei auf dem ersten Punkt, nämlich der Konstituierung der Hochverratsjudikatur des »Dritten Reichs«.

7 Vgl. Transkripte in: Bengt von zur Mühlen (Hrsg.): Die Angeklagten des 20. Juli vor dem Volksgerichtshof. Berlin: Chronos 2001, S. 195–317, vgl. ferner Hans-Gunter Voigt: »Verräter vor dem Volksgericht« – Zur Geschichte eines Films, in: Ebenda, S. 398–401; Johannes Tuchel: »Vor dem Volksgerichtshof«. Schauprozesse vor laufender Kamera, in: Gerhard Paul (Hrsg): Das Jahrhundert der Bilder 1900–1945. Göttingen: Vandenhoeck & Ruprecht 2009, S. 648–657, hier zur Überlieferungs- und Aufführungsgeschichte insbesondere S. 653 f.; Bernd Sösemann: Verräter vor dem Volksgericht – Die denkwürdige Geschichte eines Filmprojekts, in: Manuel Becker, Christoph Studt (Hrsg.): Der Umgang des Dritten Reiches mit den Feinden des Regimes. XXII. Königswinterer Tagung (Februar 2009). Berlin: LIT 2010, S. 147–163.

II.

Das System der Hochverratsjudikatur wurde in der kurzen Zeitspanne von etwas mehr als einem Jahr zu Beginn der Herrschaft der Nationalsozialisten geschaffen. Dabei ergänzten sich Gesetzgebung und Selbstgleichschaltung der Justiz.[8] Von der gesetzgeberischen Seite her geht es um insgesamt sieben Präsidialverordnungen bzw. Gesetze (wobei es sich um Regierungsgesetze handelt, die das Ermächtigungsgesetz vom 24. März 1933 ermöglichte), von der Seite der Rechtsprechung her ging es um einen lautlosen Anpassungsprozess, für den bereits günstige Voraussetzungen vorhanden waren.

Werfen wir zunächst einen Blick auf die Ausgangssituation.

In der Weimarer Republik blieb der aus dem Kaiserreich übernommene Hochverratsparagraph im Strafgesetzbuch unverändert. Damit trat der paradoxe Zustand ein, dass in der Republik Strafbestimmungen galten, die die monarchische Ordnung schützten. Das mag schizophren erscheinen, es entsprach aber durchaus der Bewusstseinslage zahlreicher Angehöriger der Weimarer Eliten, nicht zuletzt der Juristen, die die Gründung der Republik als einen Akt des Hochverrats betrachteten. In dem verbreiteten Strafrechtskommentar des Münchener Juraprofessors Reinhard Frank (18. Auflage 1931), hieß es zu den Hochverrats-Bestimmungen lapidar: »Die Stelle ist unpraktisch geworden.« Das bedeutete nun aber keineswegs, dass Frank sich damit auf den Boden der Weimarer Verfassung gestellt hätte. Seine Erläuterung des Begriffs der Verfassung im Zusammenhang mit dem Hochverratsparagraphen lautete wie folgt: »Unter den Begriff der Verfassung fallen alle fundamentalen Staatseinrichtungen oder [...] die Grundlagen des politischen Lebens, auch wenn sie in den Verfassungsgesetzen nicht genannt sind. Zur Verfassung gehören hiernach auch das Wahlrecht zum Reichstag und zu den Landtagen, deren Zusammensetzung und staatsrechtliche Stellung, desgl. die Wehrverfassung [...]. Andererseits gehören Preßfreiheit, freie Religionsausübung, allgemeine Schulpflicht nicht zur Verfassung, obwohl sie in der RV genannt sind.«[9] Ganz beiläufig definierte also einer der führenden Juristen Deutschlands jener Zeit

8 Das Folgende nach Jürgen Zarusky: Einleitung zu Widerstand als »Hochverrat« 1933–1945. Erschließungsband zur Mikrofiche-Edition. München 1998, S. 11–44, S. 14–39.

9 Das Strafgesetzbuch für das Deutsche Reich nebst Einführungsgesetz,

in einer Fußnote wesentliche Grundrechte, die die Weimarer Nationalversammlung dort verankert hatte, aus der Verfassung hinaus. Dieser mangelnde Respekt vor der konkreten Verfassung, an deren Stelle ein abstrakt-autoritärer Staatsbegriff gesetzt wurde, ist typisch für einen Großteil der juristischen Elite und bildet eine wichtige Voraussetzung für die ziemlich reibungslose Anpassung der Justiz an die NS-Diktatur.[10]

Mit der Machtübernahme der Nationalsozialisten kam ein schneller und intensiver Reformprozess bei den Verratstatbeständen in Gang. Hier sollen nur die wichtigsten Änderungen beim Hochverratstatbestand skizziert werden, durch die dieser in kurzer Zeit zum wichtigsten justitiellen Instrument der Widerstandsbekämpfung wurde.

Die Änderungen begannen schon in der ersten Woche der NS-Herrschaft. Bereits am 4. Februar erging die Verordnung (VO) des Reichspräsidenten zum Schutze des deutschen Volkes. Sie enthielt Strafandrohungen gegen

Aufrufe zur Gewalt,
Verstöße gegen Versammlungsverbote,
Verstöße gegen das Verbot der Herausgabe von Druckschriften,
Herstellung von Ersatzpublikationen verbotener Druckschriften,
Herstellung oder Verbreitung von Druckschriften ohne presserechtliche Genehmigung.

Die amtliche Begründung ließ an der Zielrichtung der Verordnung keinen Zweifel. Sie diene dazu die »Arbeit des Wiederaufbaus gegen Störungen durch staatsfeindliche Kräfte zu sichern«[11], d.h. gegen die Linke, die sich gegen die Etablierung der NS-Diktatur zur Wehr zu setzen versuchte. Nur drei Wochen später erfolgte mit der Verordnung des Reichspräsidenten gegen Verrat am Deutschen Volke und hochverräterische Umtriebe vom 28. Februar 1933 eine weitere Verschärfung. Insbesondere wurde der sogenannte »Zersetzungshochverrat« mit obligatorischer Zuchthausstrafe belegt.[12] (Man erinnere sich, dass Hitler aus seinem eigenen Hochverratsprozess 1924

herausgegeben und erläutert von Reinhard Frank. 18., neu bearbeitete Auflage, Tübingen: Mohr 1931, S. 251 f.

10 Vgl. »Im Namen des Deutschen Volkes« Justiz und Nationalsozialismus, S. 24–27.

11 Gerhard Werle: Justiz-Strafrecht und polizeiliche Verbrechensbekämpfung im Dritten Reich. Berlin: De Gruyter 1989, S. 64.

12 Ebenda, S. 70.

mit einer als ehrenvoll geltenden Festungshaft herausging.) Das war eine Reaktion auf die Strategie der Kommunisten, die nicht erst seit Hitlers Machtübernahme mit gezielter Propaganda versuchten, die Loyalität von Polizei und Militär zu unterminieren, um sie von einem Eingreifen bei revolutionären Unruhen abzubringen. Die mit dieser Verordnung ebenfalls eingeführte Bestrafung der fahrlässigen Herstellung, Verbreitung usw. hochverräterischer Druckschriften[13] richtete sich gegen die Praxis linker Regierungsgegner, bei der Produktion ihrer Druckerzeugnisse von parteinahen auf politisch neutrale und unverdächtige Druckereien und Auslieferer auszuweichen, um dem immer stärker werdenden Verfolgungsdruck zu entgehen.

Die ebenfalls am 28. Februar ergangene, eilends als Reaktion auf den Brand des Reichstags erlassene Verordnung des Reichspräsidenten zum Schutz von Volk und Staat vom 28. Februar 1933, ist von Ernst Fraenkel treffend als die »Verfassungsurkunde des Dritten Reichs«[14] bezeichnet worden. Sie hob die wichtigsten Freiheitsrechte der Weimarer Verfassung »bis auf Weiteres« auf, konkret also bis zum Ende der NS-Diktatur. Insbesondere wurden die persönliche Freiheit, die Meinungsfreiheit inklusive der Pressefreiheit und die Versammlungs- und Vereinigungsfreiheit suspendiert. Außerdem wurden Hochverratstatbestände, die bisher mit lebenslangem Zuchthaus bedroht waren, nun obligatorisch mit der Todesstrafe bedroht.

Die Aufhebung der persönlichen Freiheit öffnete juristisch das Tor für die Massenverhaftungen von Kommunisten, aber auch von anderen Linken, die die Gründung der Konzentrationslager zur Folge hatten. Die Verordnung gab insbesondere den politischen Polizeibehörden »zur Abwehr kommunistischer staatsgefährdender Gewaltakte« – ein Begriff, der im Folgenden extrem überdehnt und auf alle möglichen Gruppen und Sachverhalte ausgedehnt wurde – die Möglichkeit, Personen unbefristet festzuhalten. Tatsächlich entschied de facto die Gestapo darüber, ob ein politisch Verdächtiger überhaupt vor Gericht angeklagt wurde. Es pendelte sich dabei nach einigem Gerangel die Praxis ein, dass die Polizei Gefangene in der Regel an die Justiz überstellte, wenn genügend Material vorlag,

13 Ebenda.

14 Ernst Fraenkel: Der Doppelstaat, in: Alexander von Brünneck, Hubertus Buchstein, Gerhard Göhler (Hrsg.): Ernst Fraenkel. Gesammelte Schriften. Band 2: Nationalsozialismus und Widerstand. Baden-Baden: Nomos 1999, S. 33–266, S. 55.

das einen Schuldspruch wahrscheinlich machte. Nichtsdestoweniger wurden insbesondere in den 1930er Jahren politische Häftlinge nach Verbüßung ihrer Haftstrafe von der Gestapo erneut verhaftet und für weitere längere Fristen in KZs verbracht.

Doch zurück zur Rechtsentwicklung: Neben die Verschärfung des materiellen Strafrechts trat der Abbau von Verfahrensgarantien. So wurde durch die VO des Reichspräsidenten zur Beschleunigung des Verfahrens in Hochverrats- und Landesverratssachen vom 18. März 1933[15] der Eröffnungsbeschluss über die Hauptverhandlung in solchen Sachen abgeschafft. Es reichte der Antrag der Staatsanwaltschaft. Außerdem wurde die schon bestehende Praxis der Abgabe vorwiegend minder schwerer Fälle vom Oberreichsanwalt an bestimmte Generalstaatsanwaltschaften verstetigt. Neben dem Reichsgericht urteilte also regelmäßig auch einer Reihe von Oberlandesgerichten in Hochverratssachen.

Nach dem Verbot der SPD am 22. Juni 1933 und der unter Druck erfolgten Selbstauflösung der bürgerlichen Parteien festigte die Reichsregierung das Resultat mit dem Gesetz gegen die Neubildung von Parteien vom 14. Juli 1933. Dieses von der Regierung erlassene Strafgesetz fixierte das politische Monopol der NSDAP und war eigentlich das dritte Diktaturgrundgesetz neben der Reichstagsbrandverordnung und dem Ermächtigungsgesetz. Es war aber in der Praxis von wesentlich geringerer Bedeutung, weil seine Strafbestimmungen nur dort Anwendung finden sollten, wo nicht andere Gesetze schon höhere Strafen androhten, was insbesondere beim Hochverrat der Fall war.[16]

Die massive Verfolgung hatte die politischen Hitler-Gegner dazu gezwungen, auf Stützpunkte im Ausland auszuweichen. Insbesondere die benachbarte tschechoslowakische Demokratie bot mit ihrer großen deutschsprachigen Bevölkerung und einer langen grünen Grenze, über die Schriften geschmuggelt werden konnten, eine wichtige Basis. Das NS-Regime reagierte auf diese Entwicklung mit dem Gesetz zur Gewährleistung des Rechtsfriedens vom 13. Oktober 1933, das die Herstellung und Aufbewahrung hochverräterischer Druckschriften auch im Ausland unter Strafe stellte, ebenso wie deren Einführung. Das Strafmaß konnte bis zur Todesstrafe reichen. Bei der ein halbes Jahr später vollzogenen Zusammenführung und

15 RGBl. 131.
16 Vgl. Werle, Justiz-Strafrecht, S. 83 f.

Systematisierung der unübersichtlich gewordenen Reformvorschriften wurde die Bestimmung über die Auslandstaten nicht mehr explizit aufgeführt, jedoch wurde aufgrund anderer Bestimmungen[17] und von der Rechtsprechung jede exilpolitische Tätigkeit gegen das »Dritte Reich« als strafbar betrachtet. Das hatte für viele politische Emigranten, die durch den Krieg erneut in den Machtbereich der Hitlerdiktatur gerieten, schwerste Folgen.

Der Schlussstein und zugleich der Grundstein für das neue Gebäude der politischen Justiz des NS-Staats wurde mit dem Gesetz zur Änderung von Vorschriften des Strafrechts und des Strafverfahrens vom 24. April 1934 gelegt. Es systematisierte die reformierten Vorschriften der Verratsdelikte und begründete zugleich ein neues, für diese zentral zuständiges Gericht, den Volksgerichtshof.[18]

Es wurden insbesondere alle seit Anfang 1933 eingeführten Strafverschärfungen übernommen, die Möglichkeit der Festungshaft entfiel vollständig. Damit wurde, wie es in der amtlichen Begründung hieß, »für alle, auch entfernteren Vorbereitungshandlungen ein erheblich höherer Strafrahmen als bisher vorgesehen«. Er reichte in vielen Fällen bis zur Todesstrafe, die insbesondere während des Krieges und vor allem in den letzten drei Kriegsjahren häufig verhängt wurde. Neben dem Strafrahmen wurde auch der Tatbestand extensiv ausgedehnt: »Gerade die im Gesetz nicht ausdrücklich aufgeführten Vorbereitungshandlungen umfassen, wie die letzten Jahre gezeigt haben, die große Masse der dem Umsturz dienenden Betätigungen. Sie stehen in ihrer Gefährlichkeit der Aufforderung zum Hochverrat nicht nach.« Konkret war hier in erster Linie von den Organisationsversuchen von Kommunisten, Linkssozialisten und Sozialdemokraten und deren illegalen Schriftenvertrieb die Rede, die zu keinem Zeitpunkt eine reale Gefahr für die NS-Diktatur darstellten. Man hat es hier also mit einem totalitären Unterdrückungs- und Strafanspruch im rechtlichen Gewande zu tun.

Mit dem Gesetz von 1934 wurde auch der Volksgerichtshof gegründet, der seine Arbeit im Juli desselben Jahres aufnahm. Er war ohne Zweifel die zentrale Institution der politischen Justiz des NS-

17 Walter Wagner: Der Volksgerichtshof im nationalsozialistischen Staat. [um einen Forschungsbericht von Jürgen Zarusky erweiterte Neuausgabe der 1. Auflage Stuttgart 1974], München: Oldenbourg 2011, S. 102.

18 Vgl. Wagner, Volksgerichtshof, S. 55–57, und Werle, Justiz-Strafrecht, S. 108–134.

Staates.[19] Obwohl er sich von der Vorgängerinstitution, dem Reichsgericht, das die Kompetenz für Hochverratsverfahren seit seiner Begründung 1879 bis 1934 innegehabt hatte, formal durch ein starkes Laienelement unterschied – die fünfköpfigen Senate urteilten in der Besetzung von zwei Berufs- und drei Laienrichtern, zumeist Angehörige von Polizei, Wehrmacht oder NS-Organisationen – war er kein Revolutionstribunal, sondern knüpfte zunächst relativ bruchlos an die Judikatur des Reichsgerichts an.

Dieses hatte zwar im Ulmer Reichswehrprozess vom Herbst 1930 drei nationalsozialistische Offiziere wegen Hochverrats zu je 18 Monaten Festungshaft verurteilt, doch weit überwiegend hatte sich seine in der Endphase der Weimarer Republik stark anwachsende Hochverratsjudikatur gegen kommunistische Aktivisten gerichtet, die nach dem Radikalisierungsschub des IV. Weltkongress der Komintern von 1928 und unter dem Eindruck der Weltwirtschaftskrise besonders offensiv auftraten, während die Nationalsozialisten ihre Diktaturpolitik mit verlogenen Legalitätsbekundungen abschirmten. Das war aber keineswegs die ausschlaggebende Ursache für die Einseitigkeit der politischen Rechtsprechung des Reichsgerichts, das den Begriff des Hochverrats gegenüber den Kommunisten so weit ausdehnte, dass praktisch jede Betätigung für die KPD kriminalisiert werden konnte, was Kritiker als Gesinnungsjustiz bezeichneten.

Es ist schon delikat, dass dieses Gericht noch nachdem die Hitler-Diktatur bereits etabliert war, Prozesse gegen Angeklagte durchführte, denen Umsturzversuche gegen die Weimarer Republik vorgeworfen wurden. Nach dem 30. Januar 1933 ging das Reichsgericht bruchlos zur Verurteilung von kommunistischen Gegnern der NS-Herrschaft als »Hochverräter« über und dehnte diese Praxis auch auf andere Gruppen des linken Widerstandes aus. Da der allen legalistischen Bindungen grundsätzlich abgeneigte Nationalsozialismus nie eine eigene Verfassung schuf, aber auch die Weimarer Verfassung nie formell außer Kraft setzte, stellt sich die Frage, welchen Verfassungsbegriff die beiden einschlägigen Senate des Reichsgerichts hierbei zugrundelegten. Das Studium der 80 Hochverratsurteile des Reichsgerichts gegen Angehörige des antinazistischen Widerstands

19 Zur Forschungslage vgl. Jürgen Zarusky: Walter Wagners Volksgerichthofs-Studie von 1974 im Kontext der Forschungsentwicklung, in: Wagner, Volksgerichtshof, S. 993–1023.

zeigt, dass die Richter entweder auf die in ständiger Rechtsprechung getroffene Feststellung vom hochverräterischen Charakter der KPD zurückgriffen oder – mit Hinweis auf die stattgefundene »nationale Revolution« – die Diktatur ohne Weiteres akzeptierten. Das Resultat war in der Regel das gleiche. Als etwa der kommunistische Reichstagsabgeordnete Christian Heuck zu seiner Verteidigung vortrug, er habe zu einem politischen Streik aufgerufen, nicht um eine kommunistische Diktatur zu errichten, sondern die Rückkehr zu den demokratischen Verhältnissen der Weimarer Republik zu erreichen, wurde ihm vom Reichsgericht auch das als Hochverrat ausgelegt. Wenn der Angeklagte tatsächlich aus diesen Motiven gehandelt haben sollte, wird in dem Urteil vom 27. Juni 1933 ausgeführt, so habe er damit nur günstigere Bedingungen für einen kommunistischen Umsturz schaffen wollen. Da aber schon ganz entfernte Vorbereitungshandlungen den Tatbestand des Hochverrats erfüllten, sei dieser auch angesichts von Heucks Erklärung gegeben.[20] Ein Kommunist, der für die Wiederherstellung der demokratischen Ordnung der Weimarer Verfassung kämpfte – wie glaubwürdig dieses Vorbringen auch immer gewesen sein mag – machte sich nach Meinung des Reichsgerichts also des Hochverrats schuldig, wörtlich genommen also des Versuchs, die Weimarer Verfassung umzustürzen.

Das Reichsgericht beließ es nicht bei der pauschalen und zuweilen, wie im Falle Heuck, paradoxen Kriminalisierung der Kommunisten, sondern dehnte seine Hochverratsrechtsprechung auch auf die linkssozialistische Sozialistische Arbeiterpartei und bereits im November 1933 auf die SPD, die eigentliche Verfassungspartei der Weimarer Republik, aus, weil deren Exilvertretung erklärt hatte, unter den Bedingungen der Diktatur könne sozialdemokratische Politik nur eine revolutionäre sein. Das oberste deutsche Gericht stellte sich spätestens mit dieser Entscheidung eindeutig auf den Boden der Diktatur.[21]

Die Nationalsozialisten waren mit dem Reichsgericht dennoch nicht zufrieden, was nicht zuletzt an Verlauf und Ausgang des vom

20 Reichsgerichts-Urteil 8J 200/33 – XII H 22/33 vom 27. Juni 1933. Heuck wurde am 23. Februar 1934 von einer Gruppe SS-Leute in seiner Zelle im Gefängnis Neumünster ermordet. Vgl. Reimer Möller: Die Morde der SS an den KPD-Funktionären Rudolf Timm und Christian Heuck 1934 in Neumünster, in: Informationen zur Schleswig-Holsteinischen Zeitgeschichte. 41/42, (2003) S. 154–165.

21 Vgl. Zarusky, Einleitung, S. 19–23.

21. September bis 23. Dezember 1933 aufwändig geführten Reichstagsbrandprozesses lag. Der Freispruch der kommunistischen Angeklagten Georgi Dimitrov, Blagoi Popov, Wassil Tanev – drei bulgarische Kominternfunktionäre – und des KPD-Reichstagsabgeordneten Ernst Torgler konterkarierte die nationalsozialistische Propaganda, die den Brandanschlag als Fanal eines kommunistischen Umsturzversuches gedeutet hatte. Dass das Reichsgericht den Brandstifter Marinus van der Lubbe zum Tode verurteilte, obwohl dieses Strafmaß für Brandstiftung erst nach der Tat eingeführt worden war, konnte die Nationalsozialisten nicht besänftigen, die unmittelbar nach dem Urteil auf die Schaffung eines politischen Sondergerichts mit Beteiligung von Vertretern der NSDAP und der SA drängten.[22]

III.

Die Frage, wer von der Hochverrats-Judikatur betroffen war, lässt sich knapp beantworten: Die mit Abstand größte Gruppe bildeten die Kommunisten. In der Edition »Widerstand als ›Hochverrat‹ 1933 bis 1945« machen Kommunisten aus Deutschland und Österreich mehr als zwei Drittel aller Angeklagten aus. Wenn man die zum Teil monströsen Massenprozesse, die in den dreißiger Jahren oft vor Oberlandesgerichten gegen die Gefolgsleute vom Volksgerichtshof verurteilter kommunistischer Anführer stattfanden, dazu nimmt[23], neigt sich die Waagschale noch weiter auf die Seite der Kommunisten. In der Tatsache, dass sie die zahlenmäßig weitaus größte Gruppe des deutschen Widerstandes ausmachen, liegt eine Herausforderung, die die bundesdeutsche Erinnerungskultur bis heute nicht angenommen hat. Zwar wird nicht zu Unrecht argumentiert, hier habe es sich um Anhänger eines stalinistischen Sozialismus-Konzepts gehandelt, das nicht traditionswürdig sei. Allerdings hatten die meisten deutschen Kommunisten eine völlig unrealistische, idealisierte Vorstellung vom Stalinismus. Viele derjenigen, die vor der Gestapo in die Sowjetunion geflohen waren, machten dort nicht nur desillusionierende Erfahrungen, sondern wurden in ihrem Asylland Opfer

22 Ebenda, S. 29f.

23 Vgl. z.B. Stephan Stracke: Die Wuppertaler Gewerkschaftsprozesse. Gewerkschaftlicher Widerstand und internationale Solidarität, Bremen: de Noantri 2012.

stalinistischer Verfolgung. Man wird den Kommunisten im Widerstand nicht gerecht, wenn man sie pauschal auf eine Stufe mit den Unterstützern des NS-Regimes stellt, indem man ihnen vorwirft, sie hätten nur für eine andere Diktatur, nämlich diejenige Stalins gekämpft. Zwischen dem Traum von einer idealisierten Sowjetunion und der realen Unterstützung des Hitlerregimes besteht ein erheblicher Unterschied. Als Identifikationsfiguren, wie sie in der Geschichte des Widerstands oft gesucht werden, sind die kommunistischen Hitlergegner indes sicher nicht durchweg geeignet. Man denke dabei etwa an Erich Honecker. Auch der spätere Staats- und Parteichef der DDR, der nach dem Ende der SED-Diktatur wegen der Tötungsverbrechen an deren Grenze strafrechtlich verfolgt wurde, gehört zu den vom Volksgerichtshof verurteilten »Hochverrätern«.[24]

Die zweitgrößte Gruppe von Angeklagten bildeten die Angehörigen sozialdemokratischer, gewerkschaftlicher und derjenigen linkssozialistischen Widerstandsgruppen, die später eine Affinität zur SPD entwickelten, wie die ursprünglich von ihr abgespaltenen Sozialistische Arbeiterpartei, in der seinerzeit Willy Brandt eine wichtige Rolle als Exilpolitiker spielte. Diese Fälle treten vor allem in den dreißiger Jahren auf. Schon vor Kriegsbeginn hatten die Verfolger die meisten Gruppen des sozialistischen Untergrunds aufgerollt. Die Kommunisten allerdings waren in der Lage, vor allem nach dem Angriff auf die Sowjetunion erneut eine Reihe relativ großer Widerstandsnetze aufzubauen. Deren Führungsfiguren wie Robert Uhrig, Bernhard Bästlein, Theodor Neubauer u. a. hatten zumeist bereits Justiz- und KZ-Haft hinter sich. Sozialdemokraten finden sich dagegen vor allem im Rahmen eines weiteren großen Komplexes, den rund drei Dutzend Verfahren gegen die Verschwörer des 20. Juli. Männer wie Julius Leber oder Adolf Reichwein bildeten in diesem weit verzweigten Widerstandsnetz allerdings eine Minderheit. Mehrheitlich gehörten dazu Angehörige von Milieus, die das NS-Regime zunächst unterstützt hatten, insbesondere des Militärs

24 Urteil des Volksgerichtshofs 2H 24/37 – 17J 28/36 vom 8. Juni 1937 gegen Bruno Baum, Erich Honecker in: Widerstand als »Hochverrat« 1933–1945. Die Verfahren gegen deutsche Reichsangehörige vor dem Reichsgericht, dem Volksgerichtshof und dem Reichskriegsgericht. Mikrofiche-Edition. Hrsg. vom Institut für Zeitgeschichte, München. Bearb. von Jürgen Zarusky und Hartmut Mehringer. München 1998, MF 0097 f. Vgl. auch Nationalsozialismus, Holocaust, Widerstand und Exil 1933–1945. Online-Datenbank. De Gruyter.

und der höheren Beamtenschaft. Dies war einer der Gründe dafür, dass die Prozesse so öffentlichkeitswirksam inszeniert wurden.[25]

In diesem Zusammenhang ist oft von »Schauprozessen« die Rede, doch gibt es trotz des Inszenierungscharakters im Vergleich mit den stalinistischen Schauprozessen einige wesentliche Unterschiede: Erstens handelte es sich nicht um künstliche Inszenierungen; die Taten, über die verhandelt wurde, waren real, nicht erfunden. Zweitens war der Ablauf der Prozesse nicht in dem Sinne durchgeplant, dass die Angeklagten auf bestimmte Rollen verpflichtet und zur Selbstbezichtigung gezwungen waren. Manche von ihnen nutzten die Gerichtsverhöre zu Anklagen gegen die Hitler-Tyrannei, wie etwa Ulrich Wilhelm Schwerin von Schwanenfeld, der offen deren »viele Morde« als sein Motiv für den Widerstand benannte und damit einen Wutausbruch Freislers auslöste. Bezeichnend ist, dass die zweiteilige, insgesamt rund dreistündige Filmdokumentation der Prozesse gegen die Verschwörer des 20. Juli als geheime Reichssache behandelt und nicht öffentlich gezeigt wurde – auch das ist nicht typisch für einen Schauprozess. Andererseits wurden zu den Prozessen des 20. Juli Zuschauer abgeordnet, denen die Abrechnung mit den Abtrünnigen vorgeführt wurde. Der spätere Bundeskanzler Helmut Schmidt gehörte zu ihnen.[26]

Eine große öffentliche Inszenierung der Verhandlungen war eher die Ausnahme. Der Prozess gegen die Geschwister Scholl und Christoph Probst trug einige solche Züge. Untypisch war die Eile, mit der der Prozess durchgeführt wurde, flankiert von einer großen Kundgebung, bei der die Studentenschaft ihre Regimeloyalität demonstrierte. Ausschlaggebend hierfür war die Vertrauenskrise, in die das Regime durch die Niederlage in Stalingrad geraten war und deren Reichweite die Münchener Studenten überschätzt hatten.[27]

25 Vgl. Arnim Ramm: Der 20. Juli vor dem Volksgerichtshof. Berlin: Wiss. Verl. Berlin Gauding & Veit 2007.

26 Transkripte in: Bengt von zur Mühlen (Hrsg.): Die Angeklagten des 20. Juli vor dem Volksgerichtshof. Berlin: Chronos 2001, S. 195–317, vgl. ferner Hans-Gunter Voigt: »Verräter vor dem Volksgericht« – Zur Geschichte eines Films, in: Ebenda, S. 398–401; Helmut Schmidt: Politischer Rückblick auf eine unpolitische Jugend, in: Helmut Schmidt u. a.: Kindheit und Jugend unter Hitler. Berlin: Siedler 1992, S. 229.

27 Ulrich Chaussy, Gerd R. Ueberschär: »Es lebe die Freiheit!« Die Geschichte der Weißen Rose und ihrer Mitglieder in Dokumenten und Berichten. Frankfurt a. M.: Fischer TB 2013.

Eine regelmäßig praktizierte Form der »Öffentlichkeitsarbeit« der politischen Justiz des NS-Staats waren öffentliche Bekanntmachungen über Hinrichtungen in Form leuchtend roter Plakate. Dabei schreckte die NS-Justiz nicht einmal vor Todesurteilen gegen Minderjährige zurück, sondern machte sie auch öffentlich bekannt, so etwa im Fall des zum Zeitpunkt seiner Hinrichtung gerade erst 17-jährigen Helmuth Hübener.[28] Er war der Anführer einer kleinen Widerstandsgruppe von Hamburger Jugendlichen. Ganz ähnliche Gruppen waren etwa zur selben Zeit auch in München und Wien entstanden.[29] Sie alle hatten einen christlichen Hintergrund, hörten sogenannte Feindsender und protestierten gegen Hitlers Krieg. Die meisten ihrer Mitglieder wurden vom Volksgerichtshof zu Haftstrafen verurteilt, der Münchener Walter Klingenbeck starb 19-jährig wie Hübener unter dem Schafott.[30]

Die Sichtung der Aktenhinterlassenschaft der politischen Justiz des NS-Regimes eröffnet den Blick auf ein weites Spektrum von Widerstandsgruppen, zu denen auch wenig beachtete oder vergessene zählen wie etwa die Schwarze Front des dissidenten Nationalsozialisten Otto Strasser, der das Netzwerk seiner vorwiegend bürgerlichen Kreisen angehörenden Anhänger aus dem tschechoslowakischen Exil steuerte. Neben dem Verfolgungsdruck führten auch Strassers unklare politische Vorstellungen dazu, dass die Schwarze Front Ende der 1930er Jahre praktisch nicht mehr existierte. Auch Angehörige anderer Nationen, neben den als Reichsangehörigen behandelten Österreichern vor allem Tschechen aus dem sogenannten Reichsprotektorat Böhmen und Mähren, wurden in die Hochverratsjudikatur einbezogen. Juden unterlagen ihr bis zum Sommer 1943, dann wurden sie aus der justitiellen Strafverfolgung ausgegliedert, die noch Reste von Rechtlichkeit hätte gewähren können. Die Strafgewalt gegen Juden lag künftig bei der Polizei.

28 Vgl. das Umschlagbild des Buches von Ulrich Sander: Jugendwiderstand im Krieg. Die Helmuth-Hübener-Gruppe 1941/42. Bonn: Pahl-Rugenstein 2002.

29 Jürgen Zarusky: Jugendliche Vierergruppen, in: Wolfgang Benz, Walter H. Pehle (Hrsg.): Lexikon des deutschen Widerstandes. Frankfurt a. M.: S. Fischer 1994, S. 236–239.

30 Zur Klingenbeck-Gruppe vgl. Jürgen Zarusky: »… nur eine Wachstumskrankheit«? Jugendwiderstand in Hamburg und München, in: Dachauer Hefte 7 (1991), S. 210–229, S. 218–229.

IV

»Widerstand als ›Hochverrat‹« bezeichnet auch einen Definitionsansatz. Tatsächlich haben die Gesetzesmacher des »Dritten Reiches« schon frühzeitig einen relativ präzisen Katalog politisch abweichenden Verhaltens entwickelt. Der Tatbestand des »Hochverrats« erfasst darin praktisch jeglichen, und sei es noch so bescheidenen Versuch des Sturzes der Diktatur.[31] Generell bedeutete »Vorbereitung zum Hochverrat« in den meisten Fällen die Bildung größerer oder kleinerer illegaler Gruppen, nicht selten mit Stützpunkten im Ausland, sowie die Verbreitung regimegegnerischen Schrifttums. Über den Zugang zu Machtmitteln, die einen Staatsstreich erlaubt hätten, verfügte nur die vergleichsweise kleine Gruppe von Hitler-Gegnern, die sich seit dem Sommer 1938 herausbildete und schließlich den Umsturzversuch vom 20. Juli 1944 trug.

Kritische oder schmähende Äußerungen über das Regime allein erfüllten den Hochverratstatbestand nicht. Sie wurden ab 1933 als »Heimtücke« verfolgt[32], mit Kriegsbeginn konnte auch der damals neu eingeführte Tatbestand der »Wehrkraftzersetzung«[33] erfüllt sein. Obwohl die Sachverhalte oft kaum auseinanderzuhalten waren, unterschieden sich die Folgen gravierend: Heimtücke konnte mit Freiheitsstrafe bis zu fünf Jahren, Wehrkraftzersetzung mit dem Tode bestraft werden. Andere benachbarte, aber klar abgegrenzte politische Delikte waren vor allem Landesverrat und »Rundfunkverbrechen«. Um der Forderung nach einem relationalen Widerstandsbegriff, der die Interaktion zwischen Regime und Widerstand berücksichtigt, zu entsprechen, bieten Gesetzgebung und Rechtsprechung des NS-Staates einen sehr guten Ansatzpunkt. Der französische Germanist und Historiker Gilbert Merlio hat in Abgrenzung zu anderen Formen politisch abweichenden Verhaltens, die mit Begriffen wie Dissidenz oder Resistenz beschrieben werden, die Machtfrage als Definitionskriterium für Widerstand herausgearbeitet.[34] Genau sie macht auch den Kern des Hochverratstatbestandes

31 Vgl. Zarusky, Einleitung, S. 14–28.

32 Bernward Dörner: »Heimtücke«: das Gesetz als Waffe. Kontrolle, Abschreckung und Verfolgung in Deutschland 1933–1945. Paderborn: Schöningh 1998.

33 Vgl. Werle, Justiz-Strafrecht, S. 210–214.

34 Gilbert Merlio: Widerstand, Opposition und Resistenz im Nationalsozia-

aus. Das NS-Regime hat mit großer Konsequenz seine inneren Gegner als Hochverräter behandelt. Es wäre allerdings eine Blickverengung, wollte man behaupten, dass Widerstand und Hochverrat völlig deckungsgleich seien. Es gibt auch »Landesverrat als Widerstand«, man denke etwa an Hans Oster, der die deutschen Angriffspläne auf die Niederlande verriet[35], Ilse Stöbe, deren Regimegegnerschaft sie zur Zusammenarbeit mit dem sowjetischen Militärgeheimdienst führte[36], oder Fritz Kolbe, ebenfalls aus dem Auswärtigen Amt, der mit dem amerikanischen Office of Strategic Services kooperierte[37]. Erst in jüngerer Zeit hat auch der Rettungswiderstand, die Hilfe für verfolgte Juden, größere Aufmerksamkeit erhalten.[38] Der rettende Horizont war indes auch hier die Zerschlagung des NS-Regimes.

Die aus verschiedensten Quellen gespeiste Erkenntnis, dass es darauf ankam, dem Nationalsozialismus die Macht zu entreißen, ist das Band, das den politischen Widerstand einigt. Dieser spezifischen Einstellung, die vom NS-Regime als »Vorbereitung zum Hochverrat« kriminalisiert wurde, und für die Zehntausende mit Freiheit, Gesundheit oder gar dem Leben bezahlt haben, sollte in keinem Fall der grundsätzliche Respekt versagt bleiben.

lismus und in der DDR – Überlegungen zur Begrifflichkeit in vergleichender Absicht, in: Totalitarismus und Demokratie 2 (2005), S. 61–70, S. 66f.

35 Romedio Galeazzo Graf von Thun-Hohenstein: Die Verschwörer. General Oster und die Militäropposition, München: dtv 1984.

36 Hans Coppi, Sabine Kebir: Ilse Stöbe – Wieder im Amt. Eine Widerstandskämpferin in der Wilhelmstraße. Hamburg: VSA-Verl. 2013; Elke Scherstjanoi: Ilse Stöbe: Verräterin oder Patriotin? Ein Gutachten des Instituts für Zeitgeschichte, in: Vierteljahrshefte für Zeitgeschichte 62 (2014), 1, S. 139–156.

37 Lucas Delattre: Fritz Kolbe. Der wichtigste Spion des Zweiten Weltkriegs. München: Pieper 2004.

38 Vgl. vor allem das siebenbändige Werk: Wolfgang Benz, Klaus Voigt, Beate Kosmala (Hrsg.): Solidarität und Hilfe für Juden in der NS-Zeit. Berlin: Metropol 1996–2004, ferner: Wolfgang Benz (Hrsg.), Überleben im Dritten Reich. Juden im Untergrund und ihre Helfer, München: Beck 2003; Samson Madievskij: Die anderen Deutschen. Rettungswiderstand im Dritten Reich. Aachen: Shaker Media 2008.

Klaus G. Saur

Die Emigration als Element des Widerstandes

Flucht und Vertreibung gehören seit jeher zu den Begleiterscheinungen gewaltsamer Konfliktaustragung. In der Epoche des modernen Imperialismus, der Nationalismen und der Weltideologien ist die Verdrängung ganzer Volksgruppen aus ihrer angestammten Heimat zu einem häufig angewandten Mittel der politischen oder sozialen Konsolidierung im Inneren bzw. der Inbesitznahme fremder Territorien geworden. Angesichts der Überwachungs- und Verfolgungstechniken neuzeitlicher Polizeistaaten finden oppositionelle Richtungen immer häufiger nicht im Land selbst, sondern im Exil ihr eigentliches Zentrum: Für Führungskader und Anhänger, die sich durch politische Aktivität exponiert haben, ist die Emigration oft einzige Alternative zu Tod oder langjähriger Inhaftierung; nonkonformistischen Intellektuellen kann das Exil letzte Zuflucht vor dem Verlust der geistigen und moralischen Identität bieten; für schöpferisch Tätige erscheint das zeitweilige Ausweichen in eine fremde Umwelt als Rettung vor Sprachlosigkeit und Verkümmerung in der Heimat. Der innere Widerstand, der sich erst in Krisenzeiten eines solchen Regimes erneut formieren kann, erhält in der Regel durch seine emigrierten Eliten den ideologischen Überbau und die Anleitung zu koordinierter Aktion. Das Exil ermöglicht das Weiterleben von politischen Kulturen, die im Herkunftsland ihre Artikulations- und Entwicklungsmöglichkeiten eingebüßt haben.

Die erzwungenen Wanderungsbewegungen erfolgen heute in einer nationalstaatlich und zunehmend auch zivilisatorisch hochorganisierten Welt, die eine kollektive Verpflanzung von Kulturen, Lebens- und Wirtschaftsgewohnheiten in freie Siedlungsgebiete nicht mehr zulässt. Wanderungszuwachs in größerem Umfang führt somit zu Substanzveränderungen bei allen beteiligten Gruppen: Für die aufnehmende Gesellschaft bedeutet er möglicherweise eine Verschiebung des sozialen, kulturellen, politischen oder wirtschaftlichen Gleichgewichts; bei den Eingewanderten ergibt sich der Zwang zur Anpassung an Lebensumstände und Verhaltensweisen der Umgebung als Mindestvoraussetzung für die Sicherung der materiellen Existenz. Ihre weitere Integration bewirkt letztlich eine neue Qualität der Gesamtgesellschaft, in der transformierte Elemente der Einwandererkultur oder zumindest die Erfahrungen des Aufnahmelandes bei der Assimilierung der zugewanderten Minderheit zum Ausdruck kommen.

Noch nachdrücklicher wird ein Scheitern ihrer Eingliederung die gesellschaftliche Situation beeinflussen, da es früher oder später zu politischen, ökonomischen oder ethnischen Konflikten und zu sozialpathologischen Reaktionen bei Majorität und Minorität führen muss. Im Herkunftsland zeitigt die Eliminierung ganzer Bevölkerungsgruppen nicht nur materielle und geistige Produktivitätsverluste, sondern auch Veränderungen im gesellschaftlichen Bezugssystem, auf die sich das öffentliche Bewusstsein einzustellen hat.

Die mit den politischen Umwälzungen des 20. Jahrhunderts verbundenen Emigrationsbewegungen sind daher folgenreich genug, um als ein zentrales Anliegen von Zeitgeschichtsforschung, Soziologie und Kulturwissenschaften gelten zu können. Innerhalb der dritten Welt begleiten sie in zunehmendem Ausmaß die Konflikte zwischen Staaten und zwischen ethnischen Gruppen. In den industriell fortschrittlichen Regionen sind sie mit dem Beginn der post-nationalstaatlichen Epoche von einer neuen, meist noch wenig beachteten Wanderung abgelöst worden: der Mobilität von Arbeitskräften und technologischem, administrativem und wissenschaftlichem Fachpersonal. Sie gleicht in den Grundmustern der Integration, Akkulturation und Wirkungsgeschichte den europäischen Emigrationswellen der Zwischenkriegszeit.

Ungeachtet ihres numerisch relativ geringen Anteils, der hinter den Massenwanderungen im Osten, auf dem Balkan oder in Asien weit zurückblieb, kommt der Emigration aus den deutschen Sprach- und Kulturgebieten Mitteleuropas in der Zeit der NS-Herrschaft besondere Bedeutung zu. Zum einen markiert sie den Endpunkt des jüdisch-deutschen Zusammenlebens, das vor allem im kulturell-wissenschaftlichen Bereich durch außerordentliche Leistungen geprägt war. Von entsprechender Signifikanz war deshalb auch die Wirkung dieser Gruppe in den Immigrationsländern bzw. der in ihren Herkunftsstaaten zu verzeichnende Wanderungsverlust. Die Zerstörung der jüdischen Gemeinschaften in Mitteleuropa durch erzwungene Emigration und schließlich durch den Holocaust leitete wirkungsvoller noch als die Gründung des Staates Israel die post-emanzipatorische Ära der jüdischen Geschichte ein. Für die Geschichte der politischen Kultur Deutschlands und Österreichs ist die Emigration nach 1933 ein weiteres Beispiel für die Heimatlosigkeit demokratisch-oppositioneller Kräfte. Anders als seine historischen Vorläufer bot das politische Exil in der nationalsozialistischen Zeit jedoch den einzigen Freiraum für Planen und Handeln, der sich nicht nur dem allumfassenden Unterdrückungsapparat des totalitären Regimes, sondern auch seinen unmittelbaren geistigen und psychischen Einwirkungen entzog. Dies war um so bedeutungsvoller in einer Periode, in der sich die Entwicklung Deutschlands auf eine historische Zäsur zubewegte und entscheidende Neuordnungen auf dem europäischen Kontinent bevorstanden: so etwa die Zerschlagung des Deutschen Reichs, der Bevölkerungstransfer aus den abgetrennten Ostgebieten und aus der Tschechoslowakei, die Bildung einer österreichischen Staatsnation und der Konflikt um die Einflusszonen der Sowjetunion und der Westmächte in Europa. Das Exil hat nicht nur frühzeitig zu diesen bereits absehbaren Veränderungen Stellung bezogen, sondern teilweise selbst aktiven Anteil am politischen und geistigen Neuaufbau in den Nachfolgestaaten des Deutschen Reichs und in der Republik Österreich genommen.

Erzwungene Auswanderung und politisches Exil unterscheiden sich in erster Linie durch die fortdauernde Identifizierung des Exulanten mit seinem Herkunftsland und den Wunsch nach Rückkehr. Die unmittelbar politischen Anlässe und ein früher Zeitpunkt der Emigration, die Wahl eines Nachbarstaats zum vorübergehenden Aufenthalt, die Teilnahme an Exilpolitik oder Exilinstitutionen und letztlich die Rückkehr nach Kriegsende sind zwar wichtige Indikatoren für die methodologisch nützliche Trennung zwischen einer auf Endgültigkeit gerichteten Auswanderung und dem Status des Exulanten, der auf baldige Heimkehr nach dem Sturz des feindlichen Regimes hofft. Die Veränderlichkeit von gesellschaftlichem Bewusstsein und politischen Zielvorstellungen sowie die Vielzahl unterschiedlicher individueller Motivationsmöglichkeiten schließen jedoch eine pauschale und für die Gesamtperiode gültige Kategorisierung auf dieser Grundlage aus: Emigranten, die als aktive Gegenspieler des Nationalsozialismus vor politischen Nachstellungen geflohen waren, haben sich früher oder später als Einwanderer gefühlt und ihre volle Integration in die Gesellschaft des Aufnahmelands erstrebt. Andererseits haben zahlreiche »rassisch« Verfolgte über lange Zeit hinweg den Entschluss zur dauerhaften Niederlassung zugunsten einer möglichen Heimkehr hintangestellt. Die Rückwanderung nach Kriegsende schließlich war von vielfältigen Umständen privater, wirtschaftlicher und administrativer Natur abhängig, so dass auch ein Verbleiben im Aufnahmeland nicht mit letzter Schlüssigkeit über individuelle Bindungen Auskunft geben kann. Der Begriff »deutschsprachiges Exil« umschreibt somit einen Teilbereich der Gesamtemigration mit fließenden Grenzen und personeller Mobilität. Exil und erzwungene Auswanderung sind nicht allein durch den gemeinsamen Verursacher, durch das über weite Abschnitte hinweg identische Emigrationserlebnis und als geschichtlich relevante Folgewirkungen der nationalsozialistischen Herrschaft miteinander verbunden; auch aus heuristischen Gründen wird erst die Parallelität der Dokumentation und Analyse beider Phänomene zu ihrem vollen Verständnis führen.

Die Ernennung Adolf Hitlers zum Kanzler des Deutschen Reiches und die ihr folgende Durchdringung des öffentlichen Lebens mit den Formen und dem Geist des Nationalsozialismus bedeuteten – so Rabbiner Leo Baeck 1933 – das »Ende der zweitausendjährigen Geschichte der Juden in Deutschland«.

Nicht nur die jüdischen Emigranten, auch alle übrigen Emigranten, stellten einen Akt des Widerstandes gegen den Nationalsozialismus dar. Die Emigration war grundsätzlich ein Ausdruck des Widerstandes gegen den Nationalsozialismus. Fast 100 % der Emigranten verließen Deutschland unter dem stärksten Druck, der Todesgefahr, der Inhaftierung und der Verfolgung. Zum größten Teil aus rassischen, aber auch aus politischen oder ganz persönlichen Gründen im Widerstand gegen den Nationalsozialismus verließen diese Leute Deutschland. Die Emigration geschah in den meisten Fällen in der größten Gefahr. Etwa 20.000 Personen, die den Versuch der Emigration unternahmen, wurden auf der Flucht erschossen oder verhaftet und in KZs eingesperrt.

Zahlreiche Naturwissenschaftler, viele Nobelpreisträger und bedeutende Physiker, und sonstige Gelehrte drückten ihren Widerstand dadurch aus, dass sie sich in den USA, in der Sowjetunion, aber auch in anderen Ländern aktiv an der Entwicklung – beispielsweise der Urantechnik oder von Bomben – beteiligten, die gegen den Nationalsozialismus eingesetzt wurden. Journalisten und Autoren veröffentlichten Texte, die oft unter den größten Schwierigkeiten nach Deutschland verbracht wurden in Form von Flugblättern, Tarnschriften oder Untergrundveröffentlichungen, die die Bevölkerung über die Gräuel der Nazis aufklären sollten. Berühmt wurden die Kommentare von Thomas Mann an die deutschen Hörer.[1] Oskar Maria Graf schrieb in der Wiener Arbeiter-Zeitung am 12. Mai 1933 den weltberühmten Artikel »Verbrennt meine Bücher«. Willi Münzenberg (1889–1940) baute einen neuen Konzern von Verlagen und Zeitungen auf, in denen er Bücher und Zeitungen publizierte, die gegen das Nazi-Regime gerichtet waren. Willy Brandt war im Exil in Norwegen aktiv verbunden mit norwegischen Untergrundkämpfern, die gegen den Nationalsozialismus kämpften. Die Situation für deutsche Emigranten war oft ausgesprochen schwierig, denn es war ihnen in den meisten Ländern – in Skandinavien oder in der Schweiz – absolut verboten sich in irgendeiner Form politisch oder auch publizistisch zu betätigen und sie mussten es auch im Ausland immer wieder im Untergrund tun, unter Pseudonym und im Geheimen.

Von den etwa 600.000 Emigranten von 1933 bis 1945 wurden rund 58.000, also rund 10 %, in den Ausbürgerungslisten aufgenommen. Die Ausbürgerungslisten erschienen unter dem Titel »Die Ausbürgerung deutscher Staatsangehöriger 1933 bis 1945«[2] nach den im Reichsanzeiger veröffentlichten Listen. Sie erschienen erstmalig im September 1933. Die Liste 1 erschien am 25. August 1933 und enthielt 33 Namen, darunter die der SPD-Politiker Rudolf Breitscheid, Lion Feuchtwanger, Hellmut von Gerlach[3], Emil Julius Gumbel[4], Alfred Kerr, Heinrich Mann, Willi Münzenberg[5], der Politiker Wilhelm Pieck und Philipp Scheidemann, Leopold Schwarz-

1 Erstmals veröffentlicht: Thomas Mann: Deutsche Hörer. 25 Radiosendungen nach Deutschland. Stockholm: Bermann-Fischer 1942.

2 Die Ausbürgerung deutscher Staatsangehöriger 1933–1945 nach den im Reichsanzeiger veröffentlichten Listen. Bd. 1 Listen in chronologischer Reihenfolge, München: Saur 1985.

3 Hellmut von Gerlach (1866–1935) war Journalist und Politiker. Seine Autobiographie erschien 1937 postum unter dem Titel »Von rechts nach links«, Zürich: Europa Verlag, Neudruck: Hildesheim: Gerstenberg 1978.

4 Emil Julius Gumbel (1891–1966) war Mathematiker und politischer Publizist. Weitere biographische Hinweise in: Benjamin Lahausen: Das rechte Auge, in: DIE ZEIT 07/2012, und Christian Jansen: Emil Julius Gumbel. Portrait eines Zivilisten, Heidelberg: Wunderhorn Verlag 1991.

5 Willi Münzenberg (1889–1940) war Verleger und Filmproduzent. Münzenberg war einer der einflussreichsten Vertreter der KPD während der Wei-

schild[6], Ernst Toller, Kurt Tucholsky und des SPD-Politikers Otto Wels[7]. Sie endet mit dem lapidaren Hinweis »Das Vermögen dieser Personen wird hiermit beschlagnahmt«. Die Entscheidung darüber, inwieweit der Verlust der deutschen Staatsangehörigkeit auf Familienangehörige ausgedehnt wird, bleibt vorbehalten. Die Aufnahme in die Ausbürgerungslisten stellt noch einmal eine Steigerung des Emigrationsvorganges dar und aus Sicht des Nationalsozialismus das Recht her, das Vermögen der emigrierten bzw. ausgebürgerten Personen zu beschlagnahmen. Aufgenommen wurden, wie schon aus der ersten Liste deutlich hervorgeht, politische Gegner sowie prominente Regimegegner wie Heinrich Mann oder Kurt Tucholsky, aber vor allem vermögende Personen, deren Werte komplett konfisziert wurden.

Die letzte Liste erscheint am 7. April 1945 und enthält nur noch 14 Namen mit relativ unbekannten Personen. Im »Biographischen Handbuch der deutschsprachigen Emigration 1933 bis 1945«[8] sind knapp 10.000 Biographien enthalten. Hier sind vor allem die berühmten, aber auch einflussreichen Personen berücksichtigt. Neben 80 % der deutschen Nobelpreisträger stehen berühmte Physiker und die Elite der deutschen Literaturvertreter. Es sind alle Gebiete vertreten, am stärksten die Literatur, die Psychologie, die Psychiatrie, die Soziologie, die Kunstwissenschaft und die Kinderheilkunde, aber auch viele Juristen sind unter ihnen. Die Elite der deutschen Literatur ist fast vollständig emigriert. Es ist sehr viel leichter, die Namen der bedeutenden Autoren aufzuführen, die nicht emigriert sind. Dazu gehören beispielsweise Gottfried Benn, Gerhart Hauptmann und Erich Kästner.

Alle anderen, von Theodor W. Adorno über die Familie Mann bis

marer Republik. 1937 wandte er sich von der offiziellen Parteilinie ab und wurde ausgeschlossen.

6 Der Publizist und Soziologe Leopold Schwarzberg (1899–1950) war Mitherausgeber der Wochenschrift »Tage-Buch«, die von 1920 bis Januar 1933 in Berlin erschien. Im Exil in Paris gründete er »Das Neue Tage-Buch«, das bis zu Schwarzbergs Emigration nach Amerika im Jahr 1940 erschien.

7 Otto Wels (1873–1939) begründete in seiner Rede am 23. März 1933 im Reichstag die Ablehnung der SPD gegen das Ermächtigungsgesetz der Nationalsozialisten.

8 Institut für Zeitgeschichte, München, und von der Research Foundation for Jewish Immigration, Inc., New York (Hrsg.) Gesamtleitung: Werner Röder und Herbert A. Strauss: Biographisches Handbuch der deutschsprachigen Emigration 1933–1945, München: Saur 1980.

Carl Zuckmayer, Stefan und Arnold Zweig, und viele sehr bedeutende Schriftsteller und Journalisten waren emigriert und stellten durch ihre Publikationen sowohl bei Emigrationsverlagen, als auch in der gesamten Weltpresse und bei etablierten Verlagen in den Immigrationsländern einen bedeutenden Anteil am Widerstand gegen den Nationalsozialismus dar.

Die deutschsprachige Emigration 1933 bis 1945 umfasst rund 600.000 Vertriebene und damit mehr als ein Zehntel der europäischen Fluchtbewegungen zwischen den beiden Weltkriegen. Die überwiegende Mehrheit ist durch die antijüdische Politik des Nationalsozialismus zur Auswanderung gezwungen worden. Schätzungsweise 50.000 Emigranten dürften als aktive Regimegegner, die in Deutschland im Widerstand tätig waren, ins Ausland geflohen sein.

Der Widerstand in den Aufnahmeländern war in vielen Fällen nur begrenzt möglich, denn beispielsweise die Schweiz, die skandinavischen Länder oder auch Frankreich verboten den Emigranten jede politische Tätigkeit. Auch hier musste der Widerstand weiter im Untergrund und im Geheimen erfolgen.

Willy Brandt war eines der wenigen Beispiele derer, die sowohl in Deutschland im Widerstand aktiv waren, als auch anschließend in Norwegen, wo er sich mit seinen sozialistischen Verbündeten entsprechend einsetzte.

Den wirkungsvollsten Beitrag leistete wohl Thomas Mann. Mit seinen trotz aller Verbote in großer Zahl verbreiteten Rundfunkansprachen an die deutschen Hörer trug er ganz wesentlich zur Aufklärung und Information gegen die Nazis bei.

Der Widerstand gegen den Nationalsozialismus äußerte sich auch indirekt durch die Tätigkeit der Wissenschaftler oder Autoren und Journalisten, die die Wissenschaften in den aufgenommenen Ländern vorantrieben oder die Publikationen fortführten und dadurch zu einer Stärkung der Wissenschaft und letztlich auch der Industrieproduktion in den aufnehmenden Ländern beitrugen.

Die Emigration 1933 bis 1945 stellt einen der wichtigsten Beiträge zum Widerstand gegen den Nationalsozialismus insgesamt dar. Die biographische Aufarbeitung wurde begonnen mit dem »Biographischen Handbuch der deutschsprachigen Emigration 1933 bis 1945«. Sie wurde fortgesetzt mit dem »Biographischen Handbuch deutschsprachiger Kunsthistoriker im Exil« von Ulrike Wendland[9],

9 Ulrike Wendland: Biographisches Handbuch deutschsprachiger Kunst-

mit dem biographischen Handbuch zu Verlegern, Buchhändlern und Antiquaren aus Deutschland und Österreich in der Emigration nach 1933[10] von Ernst Fischer, dem »Handbuch des deutschsprachigen Exiltheaters 1933 bis 1945« von Frithjof Trapp, Werner Mittenzwei u. a. herausgegeben[11], dem umfangreichen Werk von John Spalek »Deutschsprachige Exilliteratur seit 1933«[12] in zwölf Bänden sowie von dem ebenfalls profunden Werk von Hans Albert Walter »Deutsche Exilliteratur«[13], dem »Handbuch der deutschsprachigen Emigration 1933 bis 1945«[14] von Claus Dieter Krohn, Patrik von zur Mühlen, Gerhard Paul und Lutz Winckler und dem Jahrbuch »Exilforschung«[15]. Weite Gebiete sind allerdings noch nicht erforscht. Es fehlen biographische Informationen zu den Rechtswissenschaften, zu den Bereichen Film, Soziologie oder auch den Naturwissenschaften, die alle von der Emigration sehr stark betroffen waren.

historiker im Exil. Leben und Werk der unter dem Nationalsozialismus verfolgten und vertriebenen Wissenschaftler, 2 Bände, München: Saur 1998.

10 Ernst Fischer: Verleger, Buchhändler & Antiquare aus Deutschland und Österreich in der Emigration nach 1933, ein biographisches Handbuch, Elbingen: Verband deutscher Antiquare 2011.

11 Frithjof Trapp u. a. (Hrsg.): Handbuch des deutschsprachigen Exiltheaters 1933 bis 1945, 3 Bände, München: Saur 1998.

12 John M. Spalek: Deutschsprachige Exilliteratur seit 1933, Bern [u. a.]: Francke [u. a.] 1976 ff.

13 Hans Albert Walter: Deutsche Exilliteratur, 4 Bände, bearbeitete und erweiterte Neuausgabe, Stuttgart: Metzler, 1978 ff.

14 Claus Dieter Krohn (Hrsg.) u. a.: Handbuch der deutschsprachigen Emigration 1933–1945, Darmstadt: Wissenschaftl. Buchges. 1998.

15 Exilforschung, ein internationales Jahrbuch, hrsg. im Auftrag der Gesellschaft für Exilforschung, München: Ed. Text + Kritik 1983 ff.

Martin Sabrow

Die vergessene Erinnerung. Kommunistischer Widerstand und kulturelles Gedächtnis*

Der kommunistische Widerstand gegen das NS-Regime spielt in der Erinnerungskultur der heutigen Bundesrepublik nur eine marginale Rolle. Diese Feststellung gilt in Relation zur Zahl der Opfer, die das Engagement deutscher Kommunisten gegen die Herrschaft Hitlers gefordert hat, und sie gilt für die Blässe des Bildes, das unsere Gegenwart von dieser zahlenmäßig breitesten Bewegung des deutschen Antifaschismus bewahrt hat. Wir diskutieren die Einbeziehung der Edelweißpiraten und der Deserteure, wir haben den Widerstandsbegriff über die Resistenz bis zur missmutigen Loyalität und zum Eigen-Sinn zu erweitern erprobt; aber wir kennen nur in sehr viel eingeschränkterem Maße etwa die strategischen Richtungswechsel, mit denen die KPD ihre Transformation in eine illegale Massenpartei zu bewerkstelligen suchte. Die Geschwister Scholl haben ein Gesicht, die Frauen und Männer des 20. Juli haben es, und dank Rolf Hochhuths Initiative für ein Denkmal im früheren Regierungsviertel Berlins mittlerweile auch der einsame Hitler-Attentäter Johann Georg Elser, aber die vielen tausend Kommunisten, die von den Februartagen 1933 bis in die Apriltage 1945 wegen ihrer Parteiideale zu Tode gebracht wurden, haben es nicht. Wie verbreitet ist das Wissen, dass die Hälfte der etwa 300.000 KPD-Mitglieder im »Dritten Reich« in Gefängnis und KZ landeten und allein in den beiden ersten Jahren des Regimes nicht weniger als 2.000 Kommunisten ermor-

* Erweiterte Fassung eines zuerst in: Merkur. Deutsche Zeitschrift für europäisches Denken, 68. Jahrgang, H. 11, November 2014, erschienenen Beitrags.

det wurden?[1] Welches Schulbuch verzeichnet die Umstände, die am 3. März 1933 in einer kleinen Charlottenburger Geheimwohnung zur Verhaftung Ernst Thälmanns und seiner Entourage führten, aus der es nur Herbert Wehner, diesem vielleicht am härtesten gestählten und professionellsten Vertreter des kommunistischen Widerstands der ersten Stunde, dank seiner misstrauischen Witterung und seiner konspirativen Fähigkeiten gelang, sich erst vor dem Zugriff der Gestapo zu retten und Jahre später auch aus dem Würgegriff des NKWD herauszuwinden? Wem sagt das unscheinbare Denkmal vor der Glienicker Brücke etwas, das den Ort bezeichnet, an dem John Schehr, Thälmanns Nachfolger als KPD-Chef, im Februar 1934 »auf der Flucht erschossen« wurde? Wie präsent ist das Wissen um den mörderischen Kampf zwischen den beiden illegalen Spitzenfunktionären Karl Mewis und Herbert Wehner, die allen Schlichen ihrer Verfolger entgingen, um sich später einen mörderischen Kampf zu liefern, dessen Sieger später in das Politbüro der DDR aufstieg, während der andere seine kommunistische Heimat verlor und eine zweite, überaus erfolgreiche Karriere in der einst als sozialfaschistische Todfeindin bekämpften SPD startete? Weiteren Kreisen mag der Name von Anton Saefkow bekannt sein, der 1944 die größte kommunistische Widerstandsorganisation im Berliner Untergrund leitete. Aber nicht einmal die Leserschaft des »Neuen Deutschland« konnte in den Zeiten des ritualisierten Antifaschismus den Namen Wilhelm Knöchel zuordnen, der mitten im Krieg und mit unglaublicher Energie und unerhörtem Mut eine neue Inlandsleitung der KPD installiert und seine Partei mehr als ein Jahr praktisch im Alleingang geführt hatte.[2]

1 Hermann Weber, Die Ambivalenz der kommunistischen Widerstandsstrategie bis zur »Brüsseler« Parteikonferenz, in: Jürgen Schmädeke/Peter Steinbach (Hrsg.), Der Widerstand gegen den Nationalsozialismus. Die deutsche Gesellschaft und der Widerstand gegen Hitler. München: Pieper 1985, S. 73–85, hier S. 78 f.

2 »In Notizen Wilhelm Piecks, 1942 in Moskau angefertigt, finden wir den Satz: Wir haben wieder einen Mann in Deutschland! Damit war Wilhelm Knöchel gemeint. Die Notiz besagte, nun stehe wieder an der Spitze des Kampfes der Kommunisten im Lande ein Mitglied der Parteiführung, mit dem über einen längeren Zeitraum zweiseitige Verbindung sowohl über Funk als auch über Instrukteure und Kuriere gehalten werden konnte. Das ZK der KPD gelangte dadurch in den Besitz von Berichten, erhielt Antwort auf Anfragen und bekam Belegexemplare solcher Zeitungen und Flugblätter, die Wilhelm Knöchel und seine Kampfgefährten zwischen 1941 und Anfang

In einem Wort: Der kommunistische Widerstand ist ein eigentümlich blinder Fleck unseres kulturellen Gedächtnisses: trotz eines »kleinen Booms« nach 1989[3] immer noch zurückhaltend beforscht, öffentlich wenig erinnert und im staatlichen Gedenken marginalisiert.

Die Entkonkretisierung des KPD-Widerstands im Kalten Krieg

Die Gründe scheinen auf der Hand zu liegen, und sie ergeben sich aus der wechselseitigen Verzeichnung durch die politische Nutzung im Kalten Krieg. Der kommunistische Beitrag zum »Aufstand des Gewissens« war im Osten Deutschlands in dogmatisierter Form als »antifaschistisches Erbe« mit der DDR verbunden und ist mit ihr untergegangen. Wie in der Bundesrepublik vor allem Hermann Weber immer wieder darlegte[4], fälschte die DDR-Geschichtsschreibung die katastrophale Niederlage der auf die Verfolgungshärte nicht vorbereiteten Partei in eine heroische Erfolgsgeschichte um. Sie überging die furchtbaren Verluste der selbstmörderischen »KPD-lebt«-Strategie, die sich bis Ende 1935 darauf konzentrierte, »mit möglichst wirksamer Massenarbeit« sich und dem Terrorapparat des

1943 in Deutschland herausgaben. Wer war Wilhelm Knöchel, was wissen wir über ihn? Wie ist zu erklären, daß er nur Eingeweihten bekannt war, obwohl er zeitweilig an der Spitze des Kampfes der KPD im Lande stand?« Heinz Kühnrich, In Deutschland 1942/43 an der Spitze der KPD. Vor 45 Jahren wurde Wilhelm Knöchel ermordet, in: Neues Deutschland, Jg. 44, Nr. 127 vom 24.7.1989, S. 4. Zu Knöchels Wirken im Widerstand: Beatrix Herlemann, Auf verlorenem Posten. Kommunistischer Widerstand im Zweiten Weltkrieg. Die Knöchel-Organisation, Bonn: Verlag Neue Gesellschaft 1986.

3 Marcel Bois / Florian Wilde, Ein kleiner Boom: Entwicklungen und Tendenzen der KPD-Forschung seit 1989/90, in: Jahrbuch für Historische Kommunismusforschung 18 (2010), S. 309–322; Richard Stoenescu, Das Scheitern des kommunistischen Widerstands. Die Auswirkungen der ideologischen Leitlinien der KPD 1933–1945, Marburg: Tectum Verlag 2013, S. 11 ff.

4 Vgl. neben Hermann Weber, Die Ambivalenz der kommunistischen Widerstandsstrategie, insbesondere Hermann Weber, Ulbricht fälscht Geschichte. Ein Kommentar mit Dokumenten zum »Grundriß der Geschichte der deutschen Arbeiterbewegung«, Köln: Neuer Dt. Verl. 1964; ders., Kommunistischer Widerstand gegen die Hitler-Diktatur, Berlin: Gedenkstätte Dt. Widerstand 1988; ders. u. a. (Hrsg.), Kommunisten verfolgen Kommunisten. Stalinistischer Terror und »Säuberungen« in den kommunistischen Parteien Europas seit den dreißiger Jahren, Berlin: Akademie Verl. 1993.

Nationalsozialismus vor allem »zu beweisen, daß wir nicht unterzukriegen waren. ›Wir sind da, und wir bleiben da!‹«[5] Der historische Herrschaftsdiskurs der DDR unterschlug die verhängnisvolle Fehldiagnose der nationalsozialistischen Machtergreifung als Auftakt zur proletarischen Revolution, in dem es darauf angekommen sei, in erster Linie die Sozialdemokratie als »sozialfaschistischer Hauptstütze« der »Kapitalsdiktatur« zu bekämpfen, um dann die vermeintlich ganz kurzlebige Hitler-Diktatur zu beerben. Er kaschierte die Wirklichkeitsferne der von der Komintern festgelegten »Generallinie« einer in die Illegalität gedrängten Partei, die sich als unbesiegt ausgab, fortwährend Erfolge in der illegalen Arbeit für die Einheitsfront von unten behauptete und im noch freien Saargebiet erst für dessen Anschluss an ein revolutionäres Sowjet-Deutschland kämpfte, dann auf die Status-quo-Haltung der SPD, also die Beibehaltung der Mandatsverwaltung durch den Völkerbund bis zum Sturz Hitlers, einschwenkte und schließlich 1935 mit ihr von ihrer vernichtenden Abstimmungsniederlage überrascht wurde.

Die geschichtspolitische Kanonisierung als »klandestinen Siegeszug«[6] erzwang eine über die DDR-Zeit hinauswirkende Entkonkretisierung des kommunistischen Widerstands, die etwa die Stellungnahme eines DDR-Verlags über eine 1981 vorgelegte Darstellung zum deutschen Widerstand 1933–1939 so veranschaulicht: »Das Buch können wir in der vorliegenden Form nicht veröffentlichen. Die gravierendsten Einwände sind: – Von bürgerlichen Historikern wird immer wieder behauptet, der kommunistische Widerstand sei zwar heroisch, aber politisch sinnlos gewesen, weil die auf Außenaktivität und ansatzweise auf Massenarbeit gerichtete KPD-Strategie unrealistisch war und unnütze Opfer verursachte. [...] Der hiesige Leser kann den Eindruck gewinnen, daß die Darstellung dies unfreiwillig bestätigt.«[7]

Im Westen wiederum wurde der kommunistische Widerstand un-

5 Karl Mewis, Im Auftrag der Partei. Erlebnisse im Kampf gegen die faschistische Diktatur, Berlin (O): Dietz 1971, S. 19.

6 Klaus-Michael Mallmann, Kommunistischer Widerstand 1933–1945. Anmerkungen zu Forschungsstand und Forschungsdefiziten, in: Peter Steinbach/Johannes Tuchel (Hrsg.), Widerstand gegen den Nationalsozialismus, Berlin: Akademie Verl. 1994, S. 113–125, hier S. 123.

7 Archiv der Berlin-Brandenburgischen Akademie der Wissenschaften (i. F. ABBAW), AV 3082, Mammach, Geschichte der deutschen antifaschistischen Widerstandsbewegung 1933 bis 1945, Band 1, 1933 bis 1939, o. D. [1981].

ter dem Vorzeichen des Antitotalitarismus über Jahrzehnte institutionell bekämpft und personell ausgegrenzt: Die als verfassungsfeindlich angesehene Vereinigung der Verfolgten des Naziregimes (VVN), die in der DDR selbst 1953 aufgelöst und durch ein willfährigeres »Komitee Antifaschistischer Widerstandskämpfer« ersetzt worden war, hatte in der Bundesrepublik lange Zeit mit Verbotsanträgen zu kämpfen, die in einzelnen Bundesländern zeitweise auch Erfolg hatten, und erfuhr infolge ihrer kommunistischen Unterwanderung weitere Ausgrenzung, die sich in parteipolitischen Unvereinbarkeitsbeschlüssen und Beitrittsverboten für öffentliche Bedienstete niederschlug. Angehörige des kommunistischen Widerstands wurden von Leistungen nach dem Bundesentschädigungsgesetz ausgeschlossen, weil sie die freiheitliche demokratische Grundordnung im Sinne des Grundgesetzes bekämpft hätten.

Doch so einleuchtend dieser Verweis auf die westliche *damnatio memoriae* auch scheint, greift er doch zu kurz, um die auffällige Nachrangigkeit des kommunistischen Widerstands im Gedächtnis der Gegenwart zu erklären. Denn die gedenkpolitische Verdrängung traf nach 1945 nicht nur ihn. Auch die Erinnerung an den nichtkommunistischen Widerstand setzte sich erst seit Mitte der fünfziger Jahre durch; wie der kommunistische blieben auch der christliche und der militärische Widerstand in der jungen Bundesrepublik über Jahrzehnte ein mit dem Odium des Landesverrats behaftetes Tabuthema, und diese Ausgrenzung reichte im Fall des Deserteurswiderstands noch bis zur Wende zum 21. Jahrhundert: Erst 1998 und 2005 beschlossen der Deutsche Bundestag und der Österreichische Nationalrat jeweils Gesetze zur Rehabilitierung der Wehrmachtsdeserteure im Zweiten Weltkrieg. Doch die 33.000 Todesurteile der Wehrmachtsjustiz, von denen 23.000 vollstreckt wurden, sind heute im kulturellen Gedächtnis so verankert wie die Stigmatisierung des einstigen Marinerichters und späteren Ministerpräsidenten Hans Filbinger, der 1978 zurücktreten musste, weil er nicht einsah, dass seine Urteilspraxis gegen Deserteure heute Unrecht sein kann, auch wenn sie damals Recht war. Umgekehrt müsste das gegen Kommunisten gebrauchte Ausschließungskriterium auch auf große Teile des bürgerlichen Widerstands Anwendung finden; Gesellschaftsbild und Verfassungsvorstellungen im Umfeld des 20. Juli hatten mit dem Grundgesetz oft wenig gemein[8], und gerade die Ikonen

8 Hans Mommsen, Gesellschaftsbild und Verfassungspläne des deutschen

des bundesdeutschen Widerstandsbildes vertraten ein Weltbild, das in seiner nationalistischen und antidemokratischen Färbung kaum weniger von unserer freiheitlichen Grundordnung abwich als das der Kommunisten.[9]

Die parteiliche Überformung der Zeitzeugenüberlieferung

Die zeithistorische Forschung setzte darauf, dass diese wechselseitige Verzeichnung und Entkonkretisierung mit dem Ende des Kalten Krieges und der deutsch-deutschen Legitimationskonkurrenz ihr Ende finden würde.[10] Besondere Hoffnung verband sich mit den im Zentralen Parteiarchiv der SED »gesammelten Erinnerungen und Nachlässe kommunistischer Widerstandskämpfer, die [...] vor der Wende nur in Ausnahmefällen von westlichen Historikern be-

Widerstandes, in: Walter Schmitthenner / Hans Buchheim (Hrsg.), Der deutsche Widerstand gegen Hitler. Vier historisch-kritische Studien, Köln/Berlin: Kiepenheuer & Witsch 1966, S. 73–167; Peter Steinbach, Widerstand im Widerstreit. Der Widerstand gegen den Nationalsozialismus in der Erinnerung der Deutschen, Paderborn: Schöningh 2001.

9 Vgl. den Eid, den der Verschwörerkreis um die Gebrüder Stauffenberg wenige Wochen vor dem Attentat des 20. Juli ablegte: »Wir bekennen uns im Geist und in der Tat zu den großen Überlieferungen unseres Volkes, das durch die Verschmelzung hellenischer und christlicher Ursprünge in germanischem Wesen das abendländische Menschentum schufen. Wir wollen eine Neue Ordnung, die alle Deutschen zu Trägern des Staates macht und ihnen Recht und Gerechtigkeit verbürgt, verachten aber die Gleichheitslüge und fordern die Anerkennung der naturgegebenen Ränge. Wir wollen ein Volk, das in der Erde der Heimat verwurzelt den natürlichen Mächten nahebleibt, das im Wirken in den gegebenen Lebenskreisen sein Glück und sein Genüge findet und in freiem Stolze die niederen Triebe des Neides und der Mißgunst überwindet.« Zit. n. Wolfgang Venohr, Stauffenberg – Symbol des Widerstands. Eine politische Biographie, München: Herbig 2000, S. 304. Zum Einfluss Stefan Georges auf den antiliberalen und antidemokratischen Geist des mit diesem Manifest angerufenen »Neuen Reichs«: Ulrich Raulff, Kreis ohne Meister. Stefan Georges Nachleben. Eine abgründige Geschichte, München: Beck 2009.

10 Die Gelegenheit, in der KPD-Widerstandsforschung »endlich in die sozialhistorische Dimension vorzustoßen und auch auf diesem Feld Anschluß zu gewinnen an eine gesellschaftszentrierte Interpretation der NS-Zeit«, fand Mallmann 1994 »so günstig wie nie zuvor, stehen doch jetzt bzw. demnächst bisher verschlossene Quellengruppen endlich zur Verfügung.« Mallmann, Kommunistischer Widerstand, S. 118 (vgl. Fußnote 6).

nutzt werden durften.«[11] Doch wie sich rasch zeigte, hatte in diesen Papieren lediglich die Kanonisierung der kommunistischen Widerstandserinnerung ihren institutionellen Ausdruck gefunden. Der mit dem gesamten Parteiarchiv dem Institut für Marxismus-Leninismus beim ZK der SED (IML) zugeordnete Sektor »Erinnerungen« stellte in der DDR die zentrale Formungsinstanz eines Parteigedächtnisses dar, das den authentischen Erlebnisgehalt der biographischen Überlieferung zu wahren suchte und zugleich die Erinnerungen der befragten Erinnerungsautoren von allen »subjektivistischen Entstellungen« reinigte.[12]

Was das bedeutete, lehrt etwa das langjährige Tauziehen um die Memoiren des kommunistischen Spitzenfunktionärs und Thälmann-Anhängers Franz Dahlem, der nach 1933 gegen Wilhelm Piecks und Walter Ulbrichts Volksfrontkurs gearbeitet hatte und eine Publikation seiner Erinnerungen erst nach Ulbrichts Ablösung 1971 in Angriff nehmen konnte. Der Parteiapparat blieb aber auch unter seinem neuen Ersten Sekretär Erich Honecker reserviert: »Der vom Autor behandelte Gegenstand und sein tiefer Einblick in zahlreiche parteiinterne Probleme und Vorgänge machen [...] bestimmte Teile und Aussagen des Manuskriptes für eine Veröffentlichung ungeeignet«, befand das IML und verlangte: »Die Erinnerungen enthalten eine Reihe von Interna über Personen und Ereignisse aus der Ge-

11 Ebd., S. 117.

12 »Im Beschluß des Sekretariats des ZK der SED vom 8. April 1963 wird die Sammlung von Erinnerungen bei führenden Funktionären der deutschen Arbeiterbewegung ausdrücklich zu einer Aufgabe des Zentralen Parteiarchivs erklärt. Von diesem Zeitpunkt an gehört die systematische Sammlung dieser Erinnerungen zum Bestandteil der Komplettierung der Archivmaterialien.« Ilse Schiel, Zum Platz und Wesen der Erinnerungen bei der Verbreitung des marxistisch-leninistischen Geschichtsbildes. Erfahrungen und Probleme des Sammelns, Gestaltens, Wertens. Diss. phil. Inst. für Marxismus-Leninismus beim ZK d. SED, Berlin (O) 1981, S. 296. Zu Charakter und Geschichte des Erinnerungsarchivs: Karin Hartewig, Das »Gedächtnis« der Partei. Biographische und andere Bestände im Zentralen Parteiarchiv der SED in der »Stiftung Archiv der Parteien und Massenorganisationen der DDR im Bundesarchiv«, in: Jahrbuch für Historische Kommunismusforschung 1 (1993), S. 312–323; Beatrice Vierneisel, Das Erinnerungsarchiv. Lebenszeugnisse als Quellengruppe im Institut für Marxismus-Leninismus beim ZK der SED, in: Martin Sabrow (Hrsg.), Verwaltete Vergangenheit. Geschichtskultur und Herrschaftslegitimation in der DDR, Leipzig: Akad. Verl.-Anstalt 1997, S. 117–144; Siegfried Lokatis, Der rote Faden. Kommunistische Parteigeschichte und Zensur unter Walter Ulbricht, Köln: Böhlau 2003, S. 194–199.

schichte der Partei, die bisher in der DDR weder in Erinnerungen noch in Darstellungen publiziert wurden. […] Die Erschießung des Verräters Kattner durch die KPD sollte gestrichen werden. Diese Tatsache ist bisher von unserer Seite auch nicht erwähnt worden. […] Jedoch bleibt die Publizierung von Fehlern Walter Ulbrichts in relativ ausführlicher Weise problematisch. […] Über Verhaftungen von Genossen in Moskau: Die Angaben darüber sollten gestrichen werden. In sowjetischen Darstellungen neueren Datums wird auf diese Problematik sehr zurückhaltend eingegangen, und es sollte nichts getan werden, um Diskussionen darüber zu beleben.«[13]

Trotz seines guten Verhältnisses zu Honecker vermochte Dahlem nicht einmal der kanonisierten und von dem Parteihistoriker Klaus Mammach immer wieder bekräftigten Legende beizukommen, dass die illegale KPD niemals die Verbindung mit der Moskauer Parteiführung verloren hätte. Wie wenig in solch heiklem Fall die Empirie gegenüber dem Dogma galt, illustrierte der Direktor des IML in einem Schreiben an Kurt Hager: »Es ist deutlich geworden, daß Genosse Mammach in seinem Buch Einschätzungen gegeben hat, die nicht in jeder Hinsicht den objektiven Tatsachen entsprechen […]. Das aber berechtigt meiner Meinung nach nicht dazu, Genossen Mammach als Geschichtsfälscher zu charakterisieren. Seine Motive sind parteilich und sein Bemühen, die Kontinuität der Führung der KPD beweiskräftig zu begründen, muß unsere Unterstützung finden.« Am Ende stand ein Kompromiss, den der zuständige ZK-Sekretär Kurt Hager auf einem Gesprächszettel so notierte: »EH [Erich Honecker] mit Dahlem, a) Band kommt heraus, unter Weglassung der Interna«[14].

Ersichtlich suchte Honecker sich mit dieser Entscheidung zumindest graduell von der historiographischen Willkürpraxis seines Vorgängers abzusetzen und betonte dies Dahlem gegenüber ausdrücklich.[15] Doch auch die eigene Widerstandsbiographie des fast drei Jahre lang erst von der Saar aus, dann illegal im Ruhrgebiet und schließlich in Berlin tätigen und anschließend neun Jahre lang in-

13 SAPMO-BArch, DY 30, 9996, IML, Gutachten zu Franz Dahlems Ms., Am Vorabend des Zweiten Weltkriegs (1938 bis August 1939), 5.11.1974.

14 Ebd., 9995, hs. Notiz Hager, o.D.

15 »Du wirst mir beipflichten, daß das jetzige Politbüro noch zu Lebzeiten Walter Ulbrichts mit der Praxis gebrochen hat, bestimmte Genossen mit einem Bannfluch zu belasten.« SAPMO-BArch, DY 30, 9990, Erich Honecker an Franz Dahlem, 28.1.1975

haftierten Jugendfunktionärs Erich Honecker trägt die Spuren einer geschichtspolitischen Überformung, die bis heute fortwirkt. Um das Dogma einer von keiner Anfechtung erschütterbaren antifaschistischen Musterbiographie seines obersten Repräsentanten zu schützen, war der Parteiapparat emsig bemüht, die Deutungshoheit über die verfügbaren Quellen ganz an sich zu ziehen. Zu diesem Zweck legte das MfS im Januar 1978 einen »Maßnahmeplan« vor, der nicht weniger als die »Erfassung und Aufbereitung sämtlicher verfügbarer Materialien« und »vorhandene[r] Erkenntnisse, auch aus anderen Diensteinheiten des MfS [...] und Forschungseinrichtungen des Partei- und Staatsapparates der DDR« zur Lebensgeschichte Honeckers anstrebte. Damit blieben der Forschung auch in der DDR selbst die konkreten Umstände von Honeckers illegaler Tätigkeit ebenso verborgen wie die Umstände seiner Verhaftung und seiner anschließenden Aussagestrategie oder die in devoter Sklavensprache verfassten Gnadengesuche des Häftlings Honecker und schließlich die Hintergründe seiner Befreiung aus dem Zuchthaus Brandenburg-Görden.

Die wichtigsten Dokumente zu den Problemzonen von Honeckers Widerstandsbiographie nahm Erich Mielke an seinem Dienstsitz in eigene Obhut. Der geheimnisvolle »Rote Koffer«, den er über Jahre hinweg sorgfältig und aufwendig gegen jede Einsichtnahme Dritter gesichert hatte[16], enthielt unter anderem die Akten des gegen Honecker vor dem Volksgerichtshof geführten Hochverratsprozesses. Die Unterlagen waren 1945 von der Roten Armee beschlagnahmt und zehn Jahre später von Moskau nach Ost-Berlin zurückgegeben worden. Zunächst in das Zentrale Staatsarchiv der DDR überführt, blieben sie von vornherein für jede nichtstaatliche bzw. nichtparteiliche Benutzung gesperrt, schon bevor sie von der Hauptabteilung IX/11 intern ausgewertet und schließlich vom Minister für Staatssicherheit höchstpersönlich in Verwahrung genommen wurden.[17] Die sonderbare Ablage des »Roten Koffers« in

16 »Der Koffer wurde offenbar im gesonderten und alarmgesicherten Privatarchiv Mielkes innerhalb des Archivs des MfS gelagert, und zwar dort wiederum in einem Panzerschrank.« Freundliche Mitteilung Dr. Helge Heidemeiers, 19.5.2014.

17 Ein MfS-Vermerk vom April 1976 hielt fest, dass nach Auskunft aus dem ZPA »die Akten mit der Signatur NJ 7 im ZK d. SED hinterlegt [sind] – sogenannte Dauerleihe. Es handelt sich um das Verfahren gegen Baum[,] in dem auch Erich Honecker verfolgt wurde.« Der Bundesbeauftragte für die Unterlagen des Staatssicherheitsdienstes der ehemaligen Deutschen Demo-

Mielkes unmittelbarem Zugriffsbereich bedeutete keine erpresserische Waffe in der Hand des »skrupellose[n] Greis[es] Mielke«[18], wie mancher Geschichtsjournalist später zu wissen meinte. Sie stand vielmehr ganz im Einklang mit dem 1978 verfügten Maßnahmeplan der Staatssicherheit zur Rückeroberung der Deutungshoheit über die Widerstandsbiographien der führenden Genossen.[19]

Die kommunistische Spurenverwischung

Solche Beschränkungen fielen nach 1989 weg, und mit der Öffnung der DDR-Archive schien das entscheidende und immer wieder beklagte Hemmnis überwunden, dass die Widerstandsforschung bis dato über punktuelle sozialgeschichtliche Sonden wie etwa in Detlev Peukerts wegweisender Studie zur KPD im Ruhrgebiet nicht hatte hinauskommen können.[20] Und doch hat die Freigabe der in der DDR sekretierten Akten offenbar die Forschung nicht nachhaltig stimulieren können und die Überlieferungslage nur bedingt erneuert.

kratischen Republik [i.F. BStU], HA IX/11, SV 7/786, Bd. 1, AGSF, Vermerk, 22.4.1976. Die Sekretierung erfolgte offenbar nach dem Machtwechsel vom Mai 1971 (Andreas Borchers / Dieter Krause, Die Lebenslüge des Erich Honecker, in: Der Stern 48/1990, S. 28–34, S. 29) und betraf in Abstufungen auch Akten, die sich gar nicht auf Honecker bezogen, sondern lediglich seinen Namen in äußerlicher Weise mit dem Vorgang in Zusammenhang zu bringen erlaubten: »Die Akte NJ 5986, Bd. 2 sei nicht gesperrt, lediglich als vertraulich zu behandeln, da in Bd. 1 Erich Honecker genannt ist.« BStU, HA IX/11, SV 7/786, Bd. 1, AGSF, Vermerk, 22.4.1976.

18 Andreas Borchers / Dieter Krause, Die Lebenslüge des Erich Honecker, in: Der Stern 48/1990, S. 29; Ralf Georg Reuth, Mielkes Geheimakten ließen Honecker zittern. Der »rote Koffer« des Stasi-Chefs kehrt heim, in: Die Welt, 28.3.2004.

19 Für diese Annahme spricht auch Honeckers trotzige Replik auf Mielke am 17. Oktober 1989, die Schabowski überlieferte: »Dann sag's doch!« Zit. n. Günter Schabowski, Der Absturz, Reinbek bei Hamburg: Rowohlt 1992, S. 269. Dem Bericht des zeitweiligen Honecker-Vertrauten Reinhold Andert zufolge kommentierte Honecker die spätere Nachricht über den Kofferfund ebenfalls unaufgeregt: Mielke habe ihm eine »in dunkelrotes Leder gebunden[e]« Kopie aller NS-Dokumente einmal als Geburtstagsgeschenk überreicht. Reinhold Andert, Nach dem Sturz. Gespräche mit Erich Honecker, Leipzig: Faber & Faber 2001.

20 Detlev Peukert, Die KPD im Widerstand. Verfolgung und Untergrundarbeit an Rhein und Ruhr 1933 bis 1945, Wuppertal: Hammer 1980.

Als ein entscheidender und von der Zäsur 1989 ganz unabhängiger Grund sticht die weitgehende Ungreifbarkeit der in der Regel nicht schriftlich dokumentierten Arbeit in der KPD und ihren Vorfeldorganisationen hervor. Angesichts der Aufgabe, eine nach dem Reichstagsbrand in der Nacht vom 27. auf den 28. Februar 1933 schlagartig härtester Unterdrückung ausgesetzte Massenpartei in die Illegalität zu überführen, bedeutete jede Schriftlichkeit notwendig erhöhte Gefährdung, wie gerade in den ersten Monaten der staatlichen Verfolgung die unzähligen Parteizellen erfuhren, die von der Politischen Polizei schon deswegen so einfach aufgerollt werden konnten, weil sie ihr gewohntes System der Beitragskassierung beibehalten hatten.

Dasselbe galt auch für die öffentliche Agitation: Nachdem der allgemein als Erbe Thälmanns angesehene Parteiführer John Schehr am 2. Februar 1934 von der Gestapo hinterrücks erschossen worden war, nutzte die im Saarland noch freie kommunistische Presse dieses Verbrechen zwar für einen leidenschaftlichen Aufruf zum »Volkssturm. John Schehr und drei Spitzenfunktionäre der KPD bestialisch gemeuchelt!«[21]. In ihrem Mobilisierungsappell aber reduzierte sie Schehr zu einem einfachen ZK-Mitglied und verschwieg seine Rolle als Nachfolger Thälmanns, um den eigenen Verlust kleiner zu halten und ihre Anhängerschaft nicht zusätzlich zu demoralisieren.

Der eingeschränkte Blickwinkel der Verfolgerakten

Daher stützt sich das historische Wissen um den kommunistischen Widerstand nach wie vor maßgeblich auf die Akten der Gestapo und fußt vor allem auf dem, was behördlich aufgedeckt wurde.[22] Den kommunistischen Widerstand aus den Justizakten des NS-Re-

21 Arbeiterzeitung, 3.2.1933, zit. n. Hartmut Soell, Der junge Wehner. Zwischen revolutionärem Mythos und praktischer Vernunft, Stuttgart: Deutsche Verlagsanstalt 1991, S. 321, Anmerkung 47.

22 Zur methodologischen Reflexion auf die Perspektivengebundenheit der Quellenüberlieferung: Peukert, Die KPD im Widerstand, S. 24 ff.; Paul/Mallmann, Milieus und Widerstand, S. 334 ff.; Klaus-Michael Mallmann, Konsistenz oder Zusammenbruch? Profile des kommunistischen Widerstandes 1933–1945, in: Detlef Schmiechen-Ackermann (Hrsg.), Anpassung – Verweigerung – Widerstand. Soziale Milieus, politische Kultur und der Widerstand gegen den Nationalsozialismus in Deutschland im regionalen Vergleich, Berlin: Ed. Hentrich 1997, S. 221–237, bes. S. 222 f. und 225.

gimes zu lesen, heißt aber nicht nur, die unbekannte Dunkelziffer zu ignorieren, sondern vor allem in der historischen Einordnung die Maßstäbe der justiziellen Ahndung zu übernehmen. Diese Blickverzerrung betraf zunächst die empirische Basis der Widerstandsgeschichtsschreibung. So ging die Forschung jahrzehntelang davon aus, dass die im Saargebiet um 1929 auf knapp 2.000 Mitglieder geschrumpfte KPD ab 1933 wieder einen steilen Aufschwung nahm und trotz des NS-Terrors im Reich auf beinahe an 8.000 Parteimitglieder anschwoll – ein starkes Argument für die These einer heranreifenden revolutionären Krise in Deutschland, das für die Realistik der kommunistischen Widerstandstaktik zeugen könnte.[23] Tatsächlich verhielt es sich ganz anders: Seit Mai 1934 wurden der Stapoleitstelle Trier kontinuierlich gefälschte Statistiken zugespielt, die angeblich auf Originalabrechnungsformularen über verkaufte Beitragsmarken stammten und so eine fiktive Stärke der KPD/Saar vorgaukeln sollten, um ihren politischen Einfluss zu erhöhen. Sie wiesen für April eine Mitgliederzahl von 7.090 aus und ließen diese Zahl bis Ende September auf über 10.000 klettern. Um ihren grandiosen Bluff abzusichern, spiegelte die saarländische Parteiführung unter Philipp Daub anschließend sogar noch eine angebliche Parteirevision vor, die ergeben hätte, dass die bisherigen Zahlen frisiert gewesen seien, um höhere ZK-Zuschüsse zu erlangen; die tatsächliche Mitgliederzahl habe im November 1934 bei 7.000 Mitgliedern gelegen. Was die Gestapo glaubte, glaubte lange auch die Forschung; die tatsächliche Stärke der KPD/Saar lag im Oktober 1934 jedoch bei 2.190 eingeschriebenen Mitgliedern, von denen 1.640 Beiträge entrichteten – also weniger als ein Viertel der aus den Gestapo-Akten hervorgehenden Zahlen.[24]

Dass bis heute in vieler Hinsicht »die Polizeiperspektive des

23 Die bis heute einschlägige Arbeit zum Abstimmungskampf an der Saar von Patrik von zur Mühlen stellt fest: »Für Ende März sind 6898 KPD-Mitglieder überliefert, deren Zahl in der Folgezeit um mehrere Hundert zunahm.« Patrik von zur Mühlen, »Schlagt Hitler an der Saar!« Abstimmungskampf, Emigration und Widerstand im Saargebiet 1933–1835, Bonn: Verl. Neue Gesellschaft 1979, S. 49. Der saarländische Historiker Bies gibt für Mitte 1934 ca. 7.500 Mitglieder an. Luitwin Bies, Klassenkampf an der Saar 1919–1935. Die KPD im Saargebiet im Ringen um die soziale und nationale Befreiung des Volkes, Frankfurt am Main: Verl. Marxistische Blätter 1978, S. 104.

24 Paul/Mallmann, Milieus und Widerstand, S. 367f.

Hochverrats auch die der Wissenschaft«[25] bestimmt, gilt auch dort, wo die durch Folter erzwungenen Geständnisse und zusammengetragenen Indizien zutrafen. Aus ihnen gehen nur selten das ganze Ausmaß des Widerstandes und die tatsächlichen Ziele seiner in die Hände der Verfolger gefallenen Vertreter hervor und schon gar nicht die handlungsleitende Sinnwelt der illegalen Arbeit gegen das Regime. So wurde beispielsweise 1937 Erich Honecker vom Volksgerichtshof lediglich wegen kommunistischer Kuriertätigkeit verurteilt; dass er tatsächlich als ZK-Mitglied des Kommunistischen Jugendverbandes und als dessen Berliner Bezirksleiter eine herausragende Position bekleidete und mit der Parteiführung über Kurt Hager als Oberberater in Verbindung stand, wurde ebenso wenig bekannt wie sein früherer Einsatz im Ruhrgebiet und in Süddeutschland oder das weitverzweigte Netz seiner illegalen Verbindungen.

Noch weniger ergibt sich aus den Akten, was den kommunistischen Widerstand im Innersten antrieb, was jene unerschrockene Härte der immer wieder auf die Posten ihrer ausgefallenen Vorgänger nachrückenden Kader ausmachte, die selbst die Gestapo erstaunte: »Trotz schärfster Überwachung der KPD-Bewegung, verhältnismäßig schneller Zerschlagung der einzelnen Organisationszellen und abschreckender Strafen für die zahlreich festgenommenen Funktionäre finden sich immer wieder Personen, die sich der illegalen KPD-Arbeit zur Verfügung stellen und versuchen, den Organisationsapparat neu aufzuziehen.«[26] Dabei reichte die Treue zur kommunistischen Sache in der Führungselite der Partei weit über die nationalsozialistische Verfolgung hinweg: Von den 1.675 Angehörigen des KPD-Führungskorps zwischen 1918 und 1945, die Hermann Weber und Andreas Herbst in ihrem Biographischen Handbuch erfassten, kamen 256 unter Hitler und 208 unter Stalin gewaltsam ums Leben; und von den 821, die den Krieg überlebten, hielten volle zwei Drittel dem Kommunismus auch weiterhin die Treue.[27]

25 Mallmann, Kommunistischer Widerstand, S. 117.

26 Hermann Weber, Zum Verhältnis von Komintern, Sowjetstaat und KPD. Eine historische Einführung, in: ders. / Bernhard H. Bayerlein / Jakov Drabkin / Aleksandr Galkin (Hrsg.), Deutschland, Russland, Komintern: I. Überblicke, Analysen, Diskussionen: Neue Perspektiven auf die Geschichte der KPD und die deutsch-russischen Beziehungen (1918–1943), Berlin/Boston: de Gruyter 2014, S. 9–139, S. 107.

27 Ebd., S. 113; vgl. auch ders. / Andreas Herbst, Deutsche Kommunisten. Biographisches Handbuch 1918 bis 1945, Berlin: Dietz ^{2}2008, S. 9f.

Wie erklärt sich die institutionelle Stärke der in die Illegalität gedrängten Partei, die abgerissene Verbindungen und zerschlagene Leitungen immer wieder aufzubauen in der Lage war? Woraus speiste sich der Opfermut ihrer Anhänger, der ungeachtet der auch in die Arbeiterschaft eindringenden Hitlerbegeisterung und des ständig weiter ausgebauten Unterdrückungsapparates jahrelang aller Verfolgung trotzte und erst nach 1935 zunehmend in Resignation und Rückzug zerfiel, ohne dass dadurch aber der kommunistische Widerstand seine organisatorische Regenerationskraft ganz einbüßte?[28] Unbeeindruckt wird kein einziger Leser des unter größten Gefahren im Lande hergestellten oder über Grenzstützpunkte nach Deutschland geschmuggelten Parteischrifttums die entsetzlichen Meldungen über die Misshandlungen vernommen haben, die regimefeindliche Arbeiter in den Folterkammern der SA erwarteten. Wenn der kommunistische »Pressezar« Willi Münzenberg in seinem als Antwort auf Goebbels' Berliner NSDAP-Blatt gegründeten »Gegen-Angriff« im Sommer 1933 nur mit stockendem Atem zu lesende Augenzeugenberichte über die Umstände abdruckte, unter denen in die Hand der neuen Herren gefallene Kommunisten zu Tode gemartert wurden, so konnte er mit Recht davon ausgehen, dass solche Berichte seine Leser in ihrer unbeugsamen Gegnerhaltung nicht erschüttern, sondern im Gegenteil nur weiter bestärken würden.[29] Die unter ihnen verbreitete Gesinnung beschrieb rückblickend ein Parteifunktionär mit den Worten, dass in dieser Zeit »ein Menschenleben als gut verbracht gegolten [habe], wenn es in drei Monaten einigermaßen erfolgreicher illegaler Arbeit gipfelte und nur zu oft auch abschloß«[30]. Wie genau diese bittere Feststellung die Realität des kommunistischen Widerstands traf, offenbarte Wilhelm Pieck im Oktober 1935 in seinem Referat auf der »Brüsseler Parteikonferenz«

28 Zur Diskussion um die Frage, ob die »Brüsseler Konferenz« vom Oktober 1935 eine Zäsur im kommunistischen Antifaschismus bedeute: Allan Merson, Kommunistischer Widerstand in Nazideutschland, Bonn: Pahl Rugenstein 1999 (engl. Originalausgabe London 1985), S. 175 f.; Mallmann, Kommunistischer Widerstand, S. 120 f.; ders., Konsistenz oder Zusammenbruch, S. 223 ff.

29 Es gibt keine Greuel, in: Der Gegen-Angriff. Antifaschistische Zeitung, Prag/Zürich/Paris, Nr. 3, 1.6.1933.

30 Beatrix Herlemann, Kommunistischer Widerstand, in: Wolfgang Benz/Walter H. Pehle (Hrsg.), Lexikon des deutschen Widerstandes, Frankfurt am Main: S. Fischer 1994, S. 28–41, S. 33.

in Moskau, als er aus einer »Aufstellung über den Verbleib unserer zentralen Funktionäre« zitierte, der zufolge seit der nationalsozialistischen Machtergreifung von 422 KPD-Funktionären 24 ermordet, 219 verhaftet und 125 in die Emigration gezwungen wurden. Wie sehr die illegale Parteiorganisation bis zu dieser Zeit der Wucht dieser Schläge hatte ausweichen können, belegt eine andere von Pieck vorgetragene Bilanz über das Schicksal der regionalen Führungsstäbe der KPD: 17 der reichsweit 22 Bezirksleitungen waren bis Anfang Juni 1933 durch Verhaftung zerschlagen worden, aber alle hatten sich anschließend erfolgreich reorganisiert und weiteren Verhaftungswellen organisatorisch widerstanden; bis zum April 1935 arbeiteten nicht weniger als 21 Bezirke unter ihrer vierten, manche sogar unter ihrer sechsten und siebten, der Bezirk Baden sogar unter seiner achten Leitung. Dass selbst unter diesem Verfolgungsdruck die vielfach illegale Parteiarbeit nicht zum Erliegen kam, stellte auch für Pieck eine Leistung dar, die sich jedenfalls nicht die übergeordnete Führung zurechnen lassen konnte: »Vielfach bestehen die Leitungen aus uns unbekannten Genossen. Es ist aber charakteristisch, daß immer wieder sofort Genossen an die Stelle von verhafteten Genossen treten, nur daß wir es erst nach längerer Zeit erfahren.«[31]

Als Beispiel für diesen selbstverleugnenden Heldenmut mag der kurze Dialog stehen, der sich am 20. Januar 1934 entspann, als der tags zuvor verhaftete kommunistische Jugendfunktionär Willi Agatz im Beisein des Gefängnisdirektors in der Folterhölle des Berliner Columbia-Hauses dem Preußischen Ministerpräsidenten Hermann Göring gegenübergestellt wurde:

»D: ›Hier dies ist der frühere Abgeordnete I, den wir in einem geheimen Büro haben festnehmen können. Das gesamte Material wurde ebenfalls dort gefunden.‹
G: ›Ist er zum ersten Mal verhaftet, war er schon mal fest?‹
D: ›Nein, wir haben ihn zum ersten Mal. Er hat die ganze Zeit gegen den neuen Staat gearbeitet.‹ […]

31 Brüsseler Parteikonferenz der Kommunistischen Partei Deutschlands, Referat Wilhelm Pieck: Erfahrungen und Lehren der deutschen Parteiarbeit im Zusammenhang mit den Beschlüssen des VII. Weltkongresses der Kommunistischen Internationale, 4.10.1935, URL : http://321ignition.free.fr/pag/de/lin/pag_007/1935_10_04_KPD_Bruessel_Pieck.htm. [Zugriff am 15.6.2014]

G: ›Was wollen Sie durch Ihren Kampf bezwecken?‹
I: ›Die Interessen meiner Klasse wahren.‹ […]
G: ›Auch ich weiß, daß die Unruhe unten wächst. Sie wissen doch, daß ich es bin, der den Vernichtungskampf gegen den verbrecherischen Kommunismus in Deutschland führt. Sie wissen doch, was Krieg ist.‹
I: ›Jawohl! Wir erwarten keine Gnade.‹
G: ›Ich komme mir manchmal lächerlich vor, daß ich meine Leute vom schärferen Vorgehen gegen Sie abhalten muß. Was hätten Sie mit uns gemacht, wenn Sie Sieger geblieben wären?‹
I: ›Darauf kann ich Ihnen keine Antwort geben.‹
G: ›So, das können Sie nicht! Sie brauchen's auch nicht, wir wissen's ja so. Rußland hat es uns gelehrt. Aber wir haben gesiegt. Und wenn jemand verschwinden muß von dieser Welt, dann sind Sie es und nicht wir. Merken Sie sich das!‹ (Ab)«[32]

Was gab Agatz die Stärke, in dieser Situation nicht um Gnade zu flehen, sondern rücksichtslos auf einer selbstmörderischen Sieg-oder-Stirb-Haltung zu beharren? Welche Vorstellung eines sinnhaften Lebens machten den heroischen Widerstand des Parteikommunismus möglich, und aus welchem Zukunftsbewusstsein heraus agierte er? Diese Fragen kann eine auf die Unschädlichmachung von Gegnern ausgerichtete Verfolgerüberlieferung nicht beantworten, und auch diese Blindstelle trägt dazu bei, dass der kommunistische Widerstand in seiner täglichen Praxis und in seinen leitenden Vorstellungen keine klaren erinnerungskulturellen Konturen gewonnen hat.

Die Inkompatibilität von Heroismus und Viktimismus

Dennoch sind weder die legitimatorische Vereinnahmung einerseits und die delegitimierende Ausgrenzung des kommunistischen Widerstands im Kalten Krieg andererseits noch die Mängel der Überlieferung allein für den Umstand verantwortlich, dass das Wissen um den kommunistischen Widerstands trotz aller fachlichen Bemühungen unbefriedigend und fragmentarisch geblieben ist. Der dritte

32 Das Gedächtnisprotokoll hatte Agatz noch am selben Tag heimlich in seiner Zelle angefertigt; »D« steht für »Direktor«, »G« für Göring und »I« für Agatz. Zit. n. Ernst Schmidt, Lichter in der Finsternis. Gegner und Verfolgte des Nationalsozialismus in Essen, Fulda: Klartext-Verl. 2003, S. 43 f.

Grund ergibt sich aus den memorialen Leitnormen unserer Erinnerungskultur. Sie hat keine Sprache für den heroischen Widerstand mehr, also für die verbissene Auflehnung um den Preis des eigenen Lebens und die Härte eines Kampfes, der keine Versöhnung kennt.

Der Wandel vom Helden zum Opfer, von der Heroisierung zur Viktimisierung ist Ausdruck eines kulturellen Wertewandels, in dem sich die heute dominante opferzentrierte Erinnerungskultur formte, die die Beschwörung des Ruhmes durch die Auseinandersetzung mit der Schuld ersetzt hat. Der damit verbundene Übergang von einer mimetischen Stolzkultur zu einer kathartischen Bewältigungskultur ist an den Abschied von Nation, Volk oder Klasse als historisches Kollektivsubjekt gebunden, der sich in der alten Bundesrepublik schleichend und in der DDR mit dem Zusammenbruch der kommunistischen Herrschaft vollzog.[33] In der kurz nach 1990 von dem amerikanischen Historiker Charles Maier formulierten Einsicht, dass die westlichen Gesellschaften mit dem Ende des 20. Jahrhunderts auch das Ende eines großen kollektiven Projekts erleben würden[34], steckt unter anderem die Befreiung vom Joch der »Großen Gesänge«, die über Jahrzehnte auch die Auseinandersetzung mit der deutschen Widerstandstradition geprägt haben, und in ihr findet sich vielleicht der tiefste Grund für die memoriale Vernachlässigung eines auf Selbstopferung angelegten Widerstands im Interesse der kommunistischen Sache.

Die Kommunisten, die allem Wüten des Naziterrors die Stirn zu bieten bereit waren, glaubten sich in der letzten Entscheidungsschlacht zwischen Bourgeoisie und Proletariat, in der das Kapital mit der Kanzlerschaft Hitlers seinen ultimativen Trumpf ausgespielt hatte und nun am Rande eben jenes Abgrunds stand, in den es mit dem nächsten Gegenschlag des werktätigen Volkes hinabstürzen würde. Je aggressiver die untergehende Ordnung ihre Macht zu sichern versuchte, je rücksichtsloser sie die eigenen Ideale der Aufklärung und Humanität zertrat, desto näher stand der Tag bevor, an

33 Zum paradigmatischen Austausch einer heroischen durch eine viktimistische Geschichtskultur ausführlicher: Martin Sabrow, Held und Opfer. Zum Subjektwandel der Vergangenheitsverständigung, in: ders., Zeitgeschichte schreiben. Von der Verständigung über die Vergangenheit in der Gegenwart, Göttingen: Wallstein 2014, S. 216–230.

34 Charles Maier, A Surfeit of Memory? Reflections on History, Melancholy and Denial, in: History & Memory. Studies in Representation of the Past 5 (1993), H. 2, 1993, S. 150.

dem dieser Spuk enden und der Kommunismus auf dessen Trümmern das Banner der klassenlosen Gesellschaft hissen würde. Wie selbstverständlich und als habe sie nicht unter dem unablässigen Verfolgungsdruck der Gestapo wieder und wieder neugebildet werden müssen, nahm sich beispielsweise der hektographierte Arbeitsplan der Parteibezirksleitung Ruhrgebiet für den Beginn des Jahres 1934 neben der »Festigung und weiteren Ausdehnung« von Partei und Jugendverband die »Propagierung des Programms ›Was werden wir nach der Machtübernahme sofort tun?‹« vor. Alles, aber auch alles kam darauf an, jetzt durchzuhalten und so unbeirrt wie mutig auch noch die letzte Drangperiode zu überstehen, in der nach dem Sozial- und dem Klerikalfaschismus auch der Nazifaschismus abwirtschaften und mit dem Abmarsch auf den Kehrichthaufen der Geschichte die Bühne freimachen würde für die nächste Etappe der von der Sowjetunion ausgehenden Weltrevolution.[35] Unter dem Eindruck der rauschhaften Siegeserwartung schloss auf einem im Juni 1933 in Paris abgehaltenen Antifaschistenkongress der führende KPD-Funktionär Wilhelm Florin vor Tausenden von Zuhörern aus ganz Europa seine Rede mit dem Ausruf, »daß der nächste internationale antifaschistische Kongreß in Berlin stattfinden und daß dann an der Stätte der Schande der deutschen Bourgeoisie, über dem Reichstag, die rote Fahne wehen müsse«.[36] In der selbstmörderisch wirklichkeitsfremden Illusion, dass es bald so kommen würde, gründete die außerordentliche moralische Kraft und Leidensfähigkeit des kommunistischen Widerstands – und zugleich auch die außerordentliche kulturelle Distanz, die unsere im Gegenteil einem ausgeprägten

35 Diese generelle Orientierung der Parteiführung fand freilich in der Mitgliedschaft ein regional durchaus unterschiedliches Echo, wie sich etwa für das Saargebiet feststellen lässt, in dem die KPD schon in den zwanziger Jahren eine etablierte Kraft darstellte: »Die illegale Partei im Saargebiet rekrutierte sich in ihrer großen Mehrheit nicht aus frisch Radikalisierten, die erst in der Weltwirtschaftskrise der Partei beigetreten waren, weil sie deren Versprechen einer bevorstehenden Revolution geglaubt hatten, sondern aus einer Gruppe, bei der sich langjährige Erfahrung, trotzige Intransigenz und historisch gewachsene Ausdauer paarten, die infolge der vielen erlebten Rückschläge und Enttäuschungen Realitätssinn erlernt hatte und den geweissagten Zerfall des NS-Regimes und die daraus resultierende revolutionäre Krise darum nicht gewissermaßen übermorgen erwartete.« Paul/Mallmann, Milieus und Widerstand, S. 399.

36 Friedl Kassowitz, Der Pariser Kongress, in: Der Gegen-Angriff, Nr. 4, 15.6.1933.

Opferparadigma verpflichtete Erinnerungskultur in der Gegenwart von ihm trennt.

Es lässt sich also historisch gut erklären, dass der kommunistische Widerstand keinen nachdrücklichen Eingang in die zeitgeschichtliche Erinnerungskultur gefunden hat; aber es lässt sich historiographisch nicht rechtfertigen. Wir können das 20. Jahrhundert in seiner Entwicklung nicht vollständig begreifen, wenn wir nicht die Opferbereitschaft, die Selbstverleugnung, die Parteifrömmigkeit verstehen, die die Triebkräfte der in der kommunistischen Parteitradition wurzelnden Auflehnung gegen das »Dritte Reich« in so charakteristischer Weise ausmachten und ihn später in die politische Kultur der kommunistischen Erziehungsdiktatur sowjetischer Prägung überführten. Darin steckt ein unaufgeklärtes Phänomen der deutschen Zeitgeschichte, und sie täte gut daran, ihm mit mehr Aufmerksamkeit Rechnung zu tragen.

Hans Maier

Christlicher Widerstand im »Dritten Reich« – eine Spurensuche

Gab es in der Zeit des Nationalsozialismus einen primär christlich (also nicht primär politisch) motivierten Widerstand? Welchen Erfahrungen und Überlegungen entsprang er, wie äußerte er sich, welche Kräfte waren beteiligt, wie fügt sich das Ganze in das Gesamtphänomen Widerstand ein? War »christlicher Widerstand« nur eine Nebenerscheinung des politischen Widerstands – oder ist »christlich« eine eigenständige, tragfähige Kategorie des Widerstands?

I. Persönliche Erfahrungen

Die Älteren unter uns haben wohl aufgrund eigener Erlebnisse und Erfahrungen einen persönlichen Zugang zum Thema Widerstand im »Dritten Reich«. Dabei spielen Begegnungen eine entscheidende Rolle. Was mich angeht, so gab mir den ersten Anstoß zur Beschäftigung mit kirchlicher Zeitgeschichte Gertrud Luckner (1900–1995), die im Auftrag des Freiburger Erzbischofs Conrad Gröber (1872–1948) in der NS-Zeit für Verfolgte tätig war. Ich lernte sie im Krieg kennen und sah und sprach sie nach ihrer Rückkehr aus dem Konzentrationslager Ravensbrück in der Nachkriegszeit regelmäßig in der Adelhauser Kirche in Freiburg. Sie war die erste, die – als Mitinitiatorin des »Freiburger Rundbriefs«[1] – mich auf den engen Zusammenhang des christlichen Widerstands und des *jüdischen*

[1] Freiburger Rundbrief – Zeitschrift für christlich-jüdische Begegnung. Diese Zeitschrift wurde 1948 von Gertrud Luckner und anderen gegründet und besteht bis heute (www.freiburger-rundbriefe.de).

Schicksals hinwies. Ihren Kampf um die Tilgung der »perfidi Judaei« in den Gebeten der Karfreitagsliturgie – gemeinsam mit dem Historiker Karl Thieme (1902–1963) – habe ich aus der Nähe verfolgt.[2] – Die *ökumenische* Bedeutung des christlichen Widerstands hat mir einer meiner historischen Lehrer, Gerhard Ritter (1888–1967), erschlossen, von Haus aus ein kämpferischer Protestant, der jedoch im »Freiburger Konzil« (1938–1944) und später nach seiner Verhaftung und der Befreiung aus der Haft in Berlin in der Nachkriegszeit die Verbindung und Zusammenarbeit mit Katholiken suchte.[3] – An dritter Stelle erwähne ich Reinhard Goerdeler (1922–1996), den Sohn von Carl Friedrich Goerdeler, mit dem ich mehrere Jahre im Kuratorium der Robert-Bosch-Stiftung in Stuttgart zusammengearbeitet habe. – Ich denke auch an den im Jahr 2000 verstorbenen Jesuitenpater Roman Bleistein, der die einzige vollständig erhaltene, bei den Münchner Jesuiten aufbewahrte Niederschrift des Kreisauer Kreises ediert[4] und die Biographien Alfred Delps und Augustinus Röschs geschrieben hat[5]; gemeinsam haben wir immer wieder Studenten zu Münchner Stätten des Widerstands geführt. Endlich sei mein Harlachinger Nachbar Dr. Karl Pötzl erwähnt, ein Jugendfreund von Alexander Schmorell – auf seiner Schreibmaschine (die noch existiert!) wurden Flugblätter der »Weißen Rose« geschrieben.[6]

2 Hans Maier, Die Binde vor den Augen? Ekklesia und Synagoge – einst und heute, in: Stimmen der Zeit, Heft 11/November 2013, S. 723–733, S. 728 f.

3 Klaus Schwabe, Gerhard Ritter und der Freiburger Kreis, in: Hans Maier (Hrsg.): Die Freiburger Kreise. Akademischer Widerstand und Soziale Marktwirtschaft, Paderborn u. a.: Schöningh 2014, S. 163–185.

4 Roman Bleistein (Hrsg.), Dossier: Kreisauer Kreis. Dokumente aus dem Widerstand gegen den Nationalsozialismus, Frankfurt a. M.: Knecht 1987.

5 Roman Bleistein, Alfred Delp, Geschichte eines Zeugen, Frankfurt a. M.: Knecht 1989; Roman Bleistein, Augustinus Rösch. Leben im Widerstand, Biographie und Dokumente, Frankfurt a. M.: Knecht 1998.

6 Hierzu Christiane Moll (Hg.), Alexander Schmorell – Christoph Probst: Gesammelte Briefe, Berlin 2011. In diesem Briefwechsel wird zum ersten Mal der Münchner Hintergrund der »Weißen Rose« mit den Protagonisten Schmorell und Probst deutlich sichtbar – nach dem bisher fast ausschließlich dargestellten Ulmer und Augsburger Hintergrund (Geschwister Scholl, Otl Aicher). Erinnerungen von Karl Pötzl spielen bei der Erhellung der Münchner Vorgänge eine maßgebende Rolle.

II. Phasen der Widerstandsforschung

Das Feld des Widerstands ist weit, ja, uferlos. Es reicht von Nonkonformität und Verweigerung bis zu Protest, Rebellion und – im äußersten Fall – Verschwörung, Attentat und Umsturz. Die Forschung hat dieses Feld im Lauf der Zeit stark ausgeweitet. Dabei hat sich auch der Widerstandsbegriff gewandelt; er wurde aus einer Ausnahmeerfahrung immer mehr zu etwas, was im Alltäglichen angesiedelt war – er wanderte gewissermaßen von den Gipfeln und Höhenwegen ins Tal. Die ersten Darstellungen – Hans Rothfels, Gerhard Ritter – folgten noch einer Höhenlinie, sie beschrieben Extremsituationen, sie hatten einen Widerstand im Auge, der unmittelbar auf den Sturz des Regimes zielte; der militärische Widerstand nahm einen zentralen Platz ein, vorwiegend gedankliche Resistenz oder Konzentration auf die »Stunde danach« rückten eher an den Rand. Die Einteilungen waren einfach: Rothfels etwa unterschied tatsächliche Nazis, nominelle Nazis, Nichtnazis und Antinazis; nur in der letzten Gruppe der Antinazis gab es seiner Meinung nach Widerstand (der sich in der vorletzten Gruppe der Nichtnazis allenfalls vorbereitete). Ähnlich verfuhren die ersten, stark biographisch gefärbten Werke kirchlicher Zeitgeschichte, für die ich stellvertretend die Namen Johannes Neuhäusler und Wilhelm Niemöller nenne.[7]

Dann setzte in den Sechzigerjahren – nach den katalytischen Wirkungen der Kritik an der »Kirchenkampflegende« im evangelischen Bereich, dem bekannten Hochland-Aufsatz von Ernst-Wolfgang Böckenförde[8] und vor allem dem »Stellvertreter« von Rolf Hochhuth (1963) – eine neue Phase ein. Sie war gekennzeichnet einerseits durch eine zunehmende Problematisierung der anfänglichen, in Nachkriegspolitik wie Forschung vorausgesetzten engen Verbindung von Kirchen und Widerstand, anderseits durch ein zunehmendes Interesse der Forschung an bisher wenig untersuchten Seiten des Widerstands: Kleinformen der Verweigerung im Alltag, lokalen und

7 Hans Rothfels, Die deutsche Opposition gegen Hitler. Eine Würdigung, Krefeld: Scherpe 1951; Gerhard Ritter, Carl Goerdeler und die deutsche Widerstandsbewegung, Stuttgart: Deutsche Verlagsanstalt 1956; Johannes Neuhäusler, Kreuz und Hakenkreuz, München: Katholische Kirche Bayerns 1946; Wilhelm Niemöller, Die Evangelische Kirche im Dritten Reich. Handbuch des Kirchenkampfes, Bielefeld: Bechauf 1956.

8 Ernst-Wolfgang Böckenförde, Der deutsche Katholizismus in Jahre 1933. Eine kritische Betrachtung, in: Hochland 53 (1960/61), S. 215–239.

regionalen Bewegungen, anonymen Gruppen, namenlosen Helden, Imprägnierungen durch Tradition und Milieu. Während die Helden vielfach vom Sockel herabstiegen (oder gewaltsam herabgerissen wurden), wurde der Widerstand erstmals, unter Einbeziehung statistischer und soziographischer Methoden, »in der Fläche« untersucht, wobei das Bayern-Projekt[9] ein theoretisch wie praktisch vielbeachtetes Muster wurde. Martin Broszat hat aus seiner mehrjährigen Arbeit an diesem Projekt nicht nur die generelle Konsequenz einer »Historisierung des Nationalsozialismus« abgeleitet, er hat auch speziell für die Widerstandsforschung Differenzierungen vorgeschlagen, die den Monolith »Widerstand« in eine Vielzahl resistenter Einzelelemente aufsplitterten. Das führte dann freilich rasch auch an Grenzen, zumal da die vorgeschlagene Wortbildung »Resistenz« – ans Medizinische anklingend – in anderen Sprachen als Kontrast zu Widerstand kaum brauchbar war.

Die dritte Phase, bis heute andauernd, versuchte die zerstreuten Elemente von Widerständigkeit neuerlich zu sammeln und in eine systematische Abfolge zu integrieren. Sie war und ist im Wesentlichen eine Auseinandersetzung um Theoriekonzeptionen des Widerstands. Sie hat zahlreiche Modelle entwickelt, in denen das Begriffsfeld Widerstand abgestuft und differenziert wurde. Der ursprüngliche enge Widerstandsbegriff ist am Ende zumindest in der deutschen Forschung deutlich in der Minderheit geblieben; konsequent vertritt ihn heute nur noch Thomas Breuer, der sich explizit gegen jede Abstufung des Begriffs ausgesprochen hat.[10] Dass er sich dabei an Ian Kershaw anlehnt, ist kein Zufall: die angelsächsische Widerstandsforschung hat immer an einem engeren politisch-militärischen Widerstandsbegriff festgehalten, während die kontinentale Historie fast durchweg weitere und abgestufte Konzepte verwendete. Das ist vor dem Hintergrund eines totalitären Staatsbildes konsequent: für den NS-Staat war ja jede Regung von Dissidenz, Protest, Opposition schon »Widerstand«; die Totalpolitisierung aller Lebensbereiche ließ keinen Spielraum für politische Opposition und bürgerliche Öffentlichkeit. Dagegen ist die angelsächsische Rechtskultur bis heute ge-

9 Martin Broszat, Elke Fröhlich, Falk Wiesemann (Hrsg.), Bayern in der NS-Zeit. Soziale Frage und politisches Verhalten der Bevölkerung im Spiegel vertraulicher Berichte, 6 Bde., München: Oldenbourg Verlag 1977–1983.

10 Thomas Breuer, Verordneter Wandel? Der Widerstreit zwischen nationalsozialistischem Herrschaftsanspruch und traditionaler Lebenswelt im Erzbistum Bamberg, Mainz: Matthias-Grünewald-Verlag 1992.

wohnt, den Widerstand als Sonderfall dem Normalfall bürgerlicher Opposition zuzuordnen – ungeachtet der Tatsache, dass in einem totalitären Regime auch die leiseste Opposition schon Widerstand – und im Sinne des Regimes Hochverrat – war.

Ein weitergefasster Widerstandsbegriff ist wohl nach allgemeiner Einschätzung nötig, um an die Vielzahl individueller Erscheinungen von Widerspruch, Protest, Auflehnung heranzukommen – auch an jene, die dem offenen Bruch mit dem Regime vorausliegen und die eher Haltungen, Einstellungen umschreiben als auf Umsturz zielende Aktionen. Das gilt, wenn ich recht sehe, in besonderem Maße für den christlichen Widerstand, der auf weite Strecken vorbereitenden, konditionierenden, begleitenden, bestärkenden Charakter hatte – ohne dass er freilich im Einzelfall die letzte Konsequenz, den offenen Kampf, das Risiko für Leib und Leben ausschloss.

III. Motive des Widerstands

»Das Gewissen steht auf« heißt ein früher, weitverbreiteter Buchtitel der Widerstandsliteratur.[11] Er weist auf den einzelnen und seine freie Entscheidung hin – ein Gesichtspunkt, den man schon deshalb nicht außer acht lassen darf, weil deutsche Widerstandskämpfer fast stets Einzelkämpfer waren, weil es für den deutschen Widerstand den »sicheren Hafen des Nationalen« (Klemens von Klemperer) nicht gab. Aber wie sahen die motivierenden Kräfte im Einzelnen aus? Wo berührten sie – über die wichtigen, nicht zu unterschätzenden Überlieferungen des »Anstands«, der »Ehre«, der »Verantwortung« hinaus – das spezifisch Christliche? Lassen sich bei Menschen im Widerstand christliche Motive identifizieren? Treten sie nur individuell und punktuell auf, sei es als Rückgriff auf verschüttete Kindheitserinnerungen, sei es in Momenten zeitgeschichtlich oder biographisch bedingter religiöser Erregung und Erschütterung, sei es in der Suche nach Orientierung, nach einem festen Grund (erinnert sei an ökumenische Begegnungen, an Neuentdeckungen religiöser Literatur, an Zuwendungen zu Liturgie und Gebet, an Konversionen)? Gibt es gar in den religiösen Motivationen Ähnlichkeiten, eine gemeinsame (wenn auch vielleicht im Einzelfall konfessionell

11 Annedore Leber (Hrsg.), Das Gewissen steht auf, 64 Lebensbilder aus dem deutschen Widerstand 1933–1945. Berlin: Mosaik Verlag 1954.

differenzierte) Struktur? Oder stärker personell gefragt: Was verband christliche Einzelne im Widerstand miteinander? Was verband den evangelischen Theologen Dietrich Bonhoeffer mit dem katholischen Kriegsdienstverweigerer Franz Jägerstätter, den Gutsherrn von Moltke mit dem Sozialisten Theodor Haubach, den Prediger Rupert Mayer mit dem Historiker Gerhard Ritter, Sophie Scholl mit Eleonore von Trott? Von der Antwort auf solche Fragen hängt es wesentlich ab, ob man von »christlichem Widerstand« als einer eigenen Kategorie des Widerstands sprechen kann – vielleicht sogar sprechen muss.

Widerstand in einem totalitären Staat war kein gebahnter Weg. Wer sich auf ihn einließ, machte sich auf eine ungewisse und gefährliche Reise. Er musste nicht nur kirchliche Traditionen überdenken, die jahrhundertelang nahezu unbefragt gegolten hatten – Römer 13, die Zwei-Reiche-Lehre; er fand in der theologischen Überlieferung auch wenig Wegweisung für den Extremfall aktiven Kampfes gegen den Staat. So standen die zum Widerstand Entschlossenen den Ungeheuerlichkeiten des Nazismus oft ohne schlüssige Auskunft gegenüber. Dies zwang sie, unmittelbar an Traditionen der Scholastik – oder der Reformation – anzuknüpfen. Es kam im Widerstand zu einer Renaissance rechtsphilosophischen und -theologischen Denkens. Was im Zeitalter des staatsrechtlichen Positivismus aus den Lehrbüchern und aus dem akademischen Unterricht getilgt worden war, die Tyrannis- und Widerstandslehren der klassischen Theorie, aber auch die theologischen Überlieferungen der anomia, der Perversion gerechter Herrschaft, und die sich anschließenden Tyrannenmord-Lehren, das lebte wenigstens in Bruchstücken wieder auf. Manch einem gelang es mit Hilfe solcher Überlieferungen, wenigstens erste Anhaltspunkte für ein neues, verantwortliches Denken und Handeln zu finden – in einer zerstörten Welt, in der die alten Orientierungen nicht mehr galten. Eschatologisches Denken wurde neu entdeckt. »Die große Maskerade des Bösen«, schrieb Dietrich Bonhoeffer 1942, »hat alle ethischen Begriffe durcheinander gewirbelt. Dass das Böse in der Gestalt des Lichts, der Wohltat, des geschichtlich Notwendigen, des sozial Gerechten erscheint, ist für den aus unserer tradierten ethischen Begriffswelt Kommenden schlechthin verwirrend; für den Christen, der aus der Bibel lebt, ist es gerade die Bestätigung der abgründigen Bosheit des Bösen.«[12]

12 Dietrich Bonhoeffer, Widerstand und Ergebung. Briefe und Aufzeich-

Es wäre eine lohnende Aufgabe zu untersuchen, wie bei Teilnehmern des Widerstands anfangs noch vage, eher gefühlshafte Motivationen durch eine Bewegung hin zum Institutionellen, zu Kirche und Glauben, geklärt und objektiviert wurden, wie der subjektive Impuls, der am Anfang stand, allmählich in breitere, verbindlichere Strukturen einging – bis hin zur Neuentdeckung von Tyrannis, Kaiseropfer, Apokalypse, Kirchengemeinde, Arkandisziplin, Martyria. Man müsste zu diesem Zweck historische, politikwissenschaftliche und theologische Fragestellungen miteinander verbinden. Die einzelnen Elemente liegen längst bereit, sie müssten nur in eine umfassende, Kirchen- und Staatsgeschichte, Strukturelles und Biographisches verschmelzende Darstellung eingebracht werden.

IV. Der Einzelne und die Kirche

Das führt viertens und abschließend zur Frage nach dem Verhältnis von Einzelnen und Kirche im Widerstand. Auch hier gilt es, die frühen und oft einseitigen Thesen und Antithesen der fünfziger und sechziger Jahre zu überwinden, die z. T. noch immer in den Köpfen herumspuken – sie zu ersetzen durch ein quellennäheres und differenzierteres Bild.

Für die ersten Darstellungen aus der Sicht der Zeitzeugen waren Kirche und Widerstand fast Synonyme – der Heroismus christlicher Einzelner schien gegründet auf die Widerständigkeit der Kirche im Ganzen. Im evangelischen Bereich wurde der Kirchenkampf vielfach bruchlos mit politischem Widerstand gegen das NS-Regime identifiziert. In der Sicht vieler Katholiken war die Zeit des »Dritten Reiches« ein Titanenkampf zwischen »Kreuz und Hakenkreuz«. Diese Wahrnehmung wirkte in die Nachkriegsgeschichte und -politik hinein: die Kirchen galten im Nachkriegsdeutschland als unbelastet und von den Ereignissen nicht kompromittiert; ihr öffentlich-rechtlicher Status war – im Unterschied zur Zeit nach 1918 – nie ernstlich gefährdet; sie wuchsen unter den Verhältnissen nach 1945 – in einer von Existenznöten geschüttelten Gesellschaft und einem weithin entleerten staatlichen Bereich – fast selbstverständlich in eine Art

nungen aus der Haft; hrsg. Von Eberhard Bethge, München: Kaiser, Neuausgabe 1970, S. 12.

von politisch-moralischer Stellvertretung hinein.[13] Das allgemeine Klima war freundlich. Ausfälle gegen die Kirchen, wie sie vereinzelt vorkamen, fielen auf die Urheber zurück. Die Kirchen konnten auf ihre Helden, ihre Martyrer verweisen; und nur vereinzelt wurde die Frage gestellt, ob dies alles zu Recht geschah – ob sie dem Mut und der Entschlossenheit christlicher Einzelner in der kritischen Zeit stets die nötige Deckung und Hilfe geboten hatten.

Die Vorstellung einer Realunion von Kirche und Widerstand wurde in den sechziger Jahren von Grund auf erschüttert. Die Stimmung sprang ins Gegenteil um: die Kirchen, so sagten nun viele, hätten sich mit dem NS-Staat arrangiert, wirklichen Widerstand hätten in ihnen nur Einzelne geleistet – oft gegen ihre kirchlichen Obrigkeiten und daher doppelt »zwischen den Stühlen«. Man entdeckte in jenen Jahren nicht nur die Breite und Vielfalt von Widerstand und Widerständigkeit – davon war schon die Rede; man entdeckte auch die Einsamkeit und Verlassenheit derer, die gegen den NS-Staat kämpften und ihr Leben wagten. Sie waren für ihre Kirchen, so sah man, oft eine Verlegenheit gewesen – so wie es christlichen Zeugen zu vielen Zeiten kirchlicher Geschichte widerfahren war. Durften sich die Kirchen nachträglich auf ihr Zeugnis berufen? Sollten sie nicht eher über dieses trübe Kapitel schweigen? Eines jedenfalls schien festzustehen: der Widerstand hatte vor den Toren der Kirche (als Institution) haltgemacht. Die These lautete: Es gab wohl christliche Einzelne im Widerstand, nicht aber Kirchen oder kirchliche Einrichtungen.

Inzwischen sind wiederum Jahrzehnte vergangen, und die schroffen Antithesen – hier eine ganze Kirche im Widerstand, dort allenfalls ein versprengtes Häuflein verlassener Einzelner außerhalb der Kirche, ja gegen sie – haben differenzierteren Bildern Platz gemacht. Wir sehen heute den Widerstand von Christen im »Dritten Reich« in seiner ganzen Komplexität und seinen Widersprüchen: er war nicht denkbar ohne den Rückhalt kirchlicher Institutionen, ohne die Integrität von Sphären und Lebensformen, die nicht gleichgeschaltet waren; er setzte die Existenz von »Kirche« voraus – ganz abgesehen von der Wirkung kirchlicher Herkünfte und Traditionen bei den

13 Hierzu Hans Maier, Staat und Kirche in der Bundesrepublik Deutschland. Die politischen und gesellschaftlichen Grundlagen, in: Joseph Listl und Dietrich Pirson (Hrsg.), Handbuch des Staatskirchenrechts der Bundesrepublik Deutschland, Berlin: Duncker und Humblot, 2. Aufl. Bd. I, 1994, S. 85–110, S. 87f.

Einzelnen und der oft bezeugten Entschlossenheit, für die Kirche zu handeln und handeln zu müssen. Jedoch: dieser Widerstand war nicht ein Widerstand *der* Kirche; es waren *Einzelne in der Kirche*, die ihn riskierten, manchmal unter schweigender Zustimmung der Mehrheit der Mitchristen, in seltenen Fällen unter ausdrücklicher Ermunterung, ja, Beauftragung durch kirchliche Instanzen,[14] in den meisten Fällen aber in einem freien Glaubenswagnis ohne Auftrag von oben, bestenfalls in der Hoffnung auf Verteidigung im Ernstfall oder – als Minimum – auf nachträgliche Deckung durch die Gemeinde. Man muss es nüchtern sehen: die Vorstellung, dass eine Kirche sich als ganze »in den Widerstand begibt«, ist wenig realistisch.

Heinz Hürten hat zu Recht bemerkt, Widerstand als politische Kategorie lege das Handeln der Kirche einseitig auf die politische Sphäre fest und verenge und überfordere sie damit.[15] Kirche als Institution kann sich verweigern, sie kann dem Allverfügungs- und Absorptionswillen des totalitären Staates widersprechen – das ist schon viel. Sie schafft damit Voraussetzungen für möglichen Widerspruch und Widerstand oder bescheidener: für das in solchen Situationen geforderte Zeugnis von Einzelnen. Ein solches Zeugnis kann ja nicht im luftleeren Raum geleistet werden, es setzt ein Minimum an institutionellem Rückhalt voraus. Der NS-Staat wusste das sehr wohl; es ist kein Zufall, dass er Opposition und Widerstand mit allen Kräften in die Anonymität und Vereinzelung zu drängen suchte. Selbst die altchristliche Martyria war noch am Zeugnis im öffentlichen Gerichtsverfahren orientiert: der neronische Zirkus und das Kolosseum waren öffentliche Plätze. Dagegen dürften die Martyrer des 20. Jahrhunderts überwiegend in Anonymität und Einsamkeit gestorben sein.

14 Hierzu gehören z.B. die Aktionen von Gertrud Luckner (1900–1995) und Margarete Sommer (1893–1965) für Verfolgte des NS-Regimes, die ausdrücklich im Auftrag von Bischöfen – also mit Wissen und Willen des kirchlichen Amtes – unternommen wurden (Conrad Gröber und Konrad Graf Preysing). Hierzu Ursula Pruß, Margarete Sommer, in: Zeitgeschichte in Lebensbildern Bd. 8, hrsg. von Jürgen Aretz, Rudolf Morsey, Anton Rauscher, Münster: Aschendorff 1997, S. 95–106; Hans-Josef Wollasch, »Betrifft: Nachrichtenzentrale des Erzbischofs Gröber in Freiburg«. Die Ermittlungsakten gegen Gertrud Luckner 1942–1944, Konstanz: UVK 1999.

15 Heinz Hürten, Verfolgung, Widerstand und Zeugnis. Kirche im Nationalsozialismus. Fragen eines Historikers, Mainz: Matthias-Grünewald-Verlag 1987.

Historiker können kein Urteil darüber sprechen, was in einer gegebenen politischen Situation »richtiges kirchliches Handeln« gewesen wäre. Sie können aber herausarbeiten, welches Kirchenbild und Kirchenbewusstsein sich – oft unbewusst – hinter den mannigfachen Varianten kirchlichen Verhaltens in einer totalitären Diktatur verbarg. Sie können auch die Schwierigkeiten des Widerstands sichtbar machen, die in den staatlichen Überlieferungen in Deutschland lagen, im eingewurzelten Vertrauen zu einer »guten Obrigkeit«, in der Unfähigkeit, mit der Perversion gerechter Herrschaft, dem Unrechtsstaat, der Tyrannis auch nur von fern zu rechnen. Für viele, auch für Christen, waren das »Tier aus der Tiefe«, die »pompa diaboli«, der »tyrannus improbus« unbekannte Größen geworden, und niemand rechnete ernstlich mit ihrem plötzlichen Erscheinen. So wie aus dem positiven Staatsrecht der Typus der Tyrannis, ja, selbst die Unterscheidung zwischen guten und schlechten Staatsformen verschwunden waren, so blieb in der liberalen Theologie, nach der halb selbstironischen Formulierung Ernst Troeltschs, das »eschatologische Büro geschlossen«[16] – mit all den Folgen, auf die Kritiker wie Karl Barth und Erik Peterson frühzeitig hingewiesen haben.

Nicht zufällig hat sich die Diskussion über die Kirchen im »Dritten Reich« in den letzten Jahren von der Untersuchung der Widerstandsformen und des Verhaltens im Alltag immer mehr zu Fragen des Kirchenverständnisses verlagert. Die Frage lautet: Was war und wie verstand sich Kirche, wo sie protestierte und sich verweigerte oder wo sie schwieg und auf Widerstand verzichtete? Fühlte sie sich als Teil des politischen Systems (sei es als Opposition oder als »Legalitätsreserve«), begnügte sie sich mit einem Nischendasein in den Lücken totalitärer Herrschaft, war sie ein System der Selbstbewahrung und Selbsterhaltung, gelenkt von einer spezifischen Kirchenräson – oder behauptete sie einfach *als Kirche* ein eigenständiges Gegen-Dasein? Für all diese Kirchenbilder kann man in der Literatur reichlich Beispiele finden – und so ist über das den Kirchen angemessene Verhalten letzten Endes theologisch und ekklesiologisch, nicht historisch-politisch zu streiten.

Auch der Nationalsozialismus war eine quasi-religiöse Bewegung. Er erhob Anspruch auf den »ganzen Menschen«; er bestand auf exklusiver Verfügung über das soziale Leben, über Handlungen und

16 Ernst Troeltsch, Glaubenslehre (1925), Neudruck Aalen: Scientia 1981, S. 36.

Gedanken der Menschen; und er setzte von Anfang an – bewusst aufs Ganze gehend – die Dualitäten und Balancen der überlieferten Staat-Kirche-Ordnung außer Kraft. Die Auseinandersetzung vollzog sich nicht in den gleichen Bahnen wie in Russland nach 1917, eine totale Katastrophe blieb den Kirchen in Deutschland erspart; vor allem nach Kriegsbeginn wurde die »große Abrechnung« auf die »Zeit nach dem Endsieg« – vertagt. Dass sie über das Normalmaß institutioneller Auseinandersetzungen zwischen Staat und Kirche weit hinausgegangen und in Kirchenverfolgung und -vernichtung umgeschlagen wäre, steht nach den Ankündigungen Hitlers, Goebbels', Rosenbergs, Himmlers wie auch nach den die Zukunft vorwegnehmenden Praktiken im Warthegau[17] und anderswo außer Frage. Viele einzelne, Geistliche wie Laien, vor Gerichten und in Gefängnissen und Lagern haben diese Entscheidung stellvertretend vorweggenommen und erlitten. Der staatliche Zusammenbruch von 1945 hat den Kirchen im Ganzen die Probe auf die »Endlösung« erspart.

Fazit: die christlichen Einzelnen waren ihren Kirchen an Mut und Entschlossenheit weit voraus. Sie appellierten an eine gemeinsame ökumenische – und politische! – Tat. Das blieb zunächst vergeblich; sinnlos war es nicht. Denn es gab Anlass zur Überprüfung des altüberlieferten Denkens bezüglich Staat, Kirche und öffentlicher Ordnung in der Nachkriegszeit – ein Prozess, der noch nicht abgeschlossen ist.[18]

17 Im Warthegau als nationalsozialistischem »Modellgau« wurden am 10. Juli 1940 »Kirchen im staatlichen Sinn« aufgehoben und durch »religiöse Kirchengesellschaften im Sinne von Vereinen« ersetzt. Für die Polen gab es überhaupt keine Kirchen mehr. Hierzu Śmigiel Kazimierz, Die Katholische Kirche im Reichsgau Wartheland 1939–1945, Dortmund: Forschungsstelle Ostmitteleuropa, 1984; Hilarius Breitinger, Als Deutschenseelsorger in Posen und im Warthegau, 1934–1945, Mainz: Matthias-Grünwald-Verlag, 1984; Jürgen Telschow, Staat und Kirche im Warthegau, 13. April 2008, verfügbar unter: http://juergen.tuxlog.de/?p=45.

18 In diesen Zusammenhang gehört auch die Neubesinnung auf den Begriff der martyria innerhalb der christlichen Kirchen. Im Hinblick auf den Widerstand gegen die modernen Totalitarismen (aber auch in Bezug auf moderne Ausweitungen des Martyrerbegriffs, vor allem im Islam) sind theologische Klärungen dringend geboten. Zu fragen ist, inwieweit sich die Begriffe des Widerstandskämpfers und des Martyrers unterscheiden, aber auch überschneiden. Hierzu Hans Maier, Politische Martyrer? Erweiterungen des Martyrerbegriffs in der Gegenwart, in: Denken im Raum des Heiligen. Festschrift für P. Ansgar Paus OSB, hrsg. von Horst Bürkle und Drago Pintaric, St. Ottilien 2007, S. 377–394.

Georg Ruppelt

Wo Goethe draufstand, war nicht immer Goethe drin

Tarnschriften als Mittel der politischen Auseinandersetzung und psychologischen Kriegsführung im 20. Jahrhundert

Tarnschriften im Ersten Weltkrieg

»Gegnerische Propaganda im Weltkriege« lautet die Überschrift eines Beitrages in »Reclams Universum« vom November 1925. Darunter heißt es: »Die Weltkriegsbücherei in Stuttgart veranstaltet gegenwärtig eine Wanderausstellung, die in allen großen deutschen Städten den Beschauer auf den Wert der Propaganda im Kriege hinweisen will. Nach dem Zusammenbruch des deutschen Volkes, der zum Teil durch die gegnerische Propaganda ausgelöst wurde, ist dieser Wanderausstellung als Weg zur Erkenntnis der eigenen Fehler hohe Bedeutung zuzubilligen.«

Der dann folgende Artikel von Friedrich Felger ergeht sich zunächst in Bewunderung der Güte der feindlichen Propaganda, dann aber kritisiert er heftig die schlichte und unkoordinierte deutsche Kriegspropaganda. Man könne mit Fug und Recht sagen, so der Autor, »daß der Weltkrieg durch die feindliche Propaganda entschieden wurde. [...] Wenn Deutschland wieder hochkommen will, muß es nun mehr als je Propaganda treiben. Das ganze deutsche Volk sollte systematisch in die Werkstätten der feindlichen Propaganda eingeführt werden«. Felger schließt mit dem von Gorch Fock entlehnten Aufruf »Propaganda ist not!«

In dem Beitrag werden die verschiedenen feindlichen Propagandamittel vorgestellt, die in der Wanderausstellung zu sehen waren. Mit folgender Schilderung sind wir beim Thema dieses Buches, wenn auch zeitlich rund 20 Jahre zu früh: »Die Franzosen bedienten sich zur Irreführung öfters der Fälschung, und französische Flieger warfen an der Westfront Tausende harmlos aussehender Reclam-Bändchen über die deutschen Linien ab, die eigentlich revolutionäre Broschüren und in Frankreich geschrieben und gedruckt waren.«

An anderer Stelle werden die Umschläge von zwei »täuschend nachgeahmten« Reclam-Heften abgebildet, nämlich »Siegfried Balder: Zwei Fragen«, das die »berüchtigte Schrift des Fürsten Lichnowsky«, betitelt mit »Die Schuld der Deutschen am Krieg«, sowie das »Lexikon der Citate« darin u.a. »Kaiser u. Krieg oder Republik und Frieden« enthält.[1] Am Schluss des Heftes werden die deutschen Soldaten zur Desertion ermuntert. Nicht ohne Stolz und mit einem gesunden Sinn für geschäftliche Propaganda heißt es unter dieser Abbildung: »(Die beiden gefälschten Reclam-Hefte beweisen, wie hoch unsere Feinde den Einfluß der Universal-Bibliothek einschätzten.)«[2]

Die Exponate der Ausstellung wurden übrigens nach schriftlicher Auskunft der Bibliothek für Zeitgeschichte in der Württembergischen Landesbibliothek bei einem Bombenangriff 1944 zerstört. Einzig der vorgebliche Reclam-Band über »deutsche Citate« ist in der Bibliothek vorhanden.

1 Karl Max Fürst von Lichnowsky (1860–1928), von 1912 bis 1914 deutscher Botschafter in London. Wenige Tage vor Ausbruch des Krieges telegraphierte er nach Berlin: »Ich möchte dringend davor warnen, an die Möglichkeit der Lokalisierung auch fernerhin zu glauben, und die gehorsamste Bitte aussprechen, unsere Haltung einzig und allein von der Notwendigkeit leiten zu lassen, dem deutschen Volke einen Kampf zu ersparen, bei dem es nichts zu gewinnen und alles zu verlieren hat.« Zitiert nach Wikipedia, Stichwort »Karl Max Fürst von Lichnowsky«, aufgerufen am 30. März 2014.

2 Friedrich Felger: Gegnerische Propaganda im Weltkriege, in: Reclams Universum. Moderne illustrierte Wochenschrift 42. Jg. 1925/26 vom 12.11. 1925, Heft 7, S. 173–177. Zitate S. 173, 177, 175. Vgl. auch das Programm zur ausstellungsbegleitenden Tagung, das von rund 60 Mitveranstaltern getragen wurde: Ausstellung über die Kriegspropaganda des Auslandes. Vorbereitet von der Weltkriegsbücherei Stuttgart mit dem Arbeitsausschuß deutscher Verbände, Berlin. Stuttgart, Schloß Rosenstein, 22.–28. Juni 1925.

Was sind Tarnschriften?

Das, was der Ausstellungsbericht in der Reclam-Wochenschrift als Fälschung bezeichnete, erhielt nach dem Zweiten Weltkrieg wohl durch Heinz Gittig[3] die außerordentlich treffsichere und kaum optimierbare Bezeichnung »Tarnschrift«. Die nationalsozialistische Presse hatte das Wesen von Tarnschriften recht gut beschrieben und den Begriff im Grunde schon vorgeprägt.

Unter der Überschrift »Das Geheime Staatspolizeiamt an der Arbeit. 23.000 Zentner Drucksachen beschlagnahmt und eingezogen« berichtete der *Völkische Beobachter* vom 25. November 1933 über eine Ausstellung im Gebäude des Geheimen Staatspolizeiamtes Berlin. Zunächst eiferte das Blatt gegen die dort wohl zur Warnung, vor allem aber als Erfolgsnachweis gezeigten Exponate der Ausstellung »Emigrantenpresse im Ausland«: »Die ganze Intellektuellenclique, die früher sich anmaßte, deutsche öffentliche Meinung darzustellen, verzapft jetzt ihren geistigen Unrat auf diesem geduldigen Papier ausländischer Druckereien. Da sieht man die Namen Georg Bernhard, Hello von Gerlach, Alfred Kerr, Einstein, Feuchtwanger und wie die ob ihres schlechten Gewissens ausgewanderten Salonbolschewisten alle heißen.«

Insgesamt schätzt der *Völkische Beobachter* diese Druckschriften jedoch als für Deutsche politisch recht ungefährlich ein, »denn nur wenige von diesen finden hier und da einmal den Weg über die Grenze«. Dann aber wendet er sich unter der Zwischenüberschrift »Getarnte Hetzschriften in Deutschland« einer die Machthaber offenbar wesentlich beunruhigenderen Schriften-Spezies zu:

»Erheblich gefährlicher und wichtiger sind die Druckschriften, die immer noch in Deutschland hergestellt wurden, und zwar vielfach in einem getarnten Gewande. Da bekommt man zum Beispiel eine kleine grüne Broschüre in die Hand mit dem harmlosen Titel ›Reise nach Ostpreußen‹. Die beiden Umschlagseiten preisen das schöne Ostpreußen, im Innern jedoch finden wir eine rein kommunistische Hetzbroschüre gegen das neue Deutschland. ›Luftschutz ist Selbstschutz – ein ernsthaftes Wort an alle Berliner‹, darunter: ›Herausgeber Hauptmann a. D. von Blomberg‹, so lautet der Titel

[3] Dr. Heinz Gittig (1923–2002) war langjähriger Mitarbeiter und zuletzt Leiter der Benutzungsabteilung und stellvertretender Generaldirektor der Deutschen Staatsbibliothek in Ost-Berlin.

einer anderen Schrift, die in Berlin verteilt worden ist. Im Innern befindet sich abermals ein ganz gemeines kommunistisches Pamphlet, das ebenso viele Lügen wie Zeilen enthält. Ein Flugblatt der K.P.D. wurde als Aufruf des Führers an das Volk getarnt und einem tatsächlich erschienenen Ausruf äußerlich angepasst. Der Text jedoch war wiederum eine kommunistische Propaganda, eine Hetze gegen den Nationalsozialismus.«

Bereits am dritten desselben Monats hatte Karl Friedrich Frentzel ebenfalls im *Völkischen Beobachter* über die »Wühler in Paris« auf im Ausland hergestellte Tarnschriften hingewiesen:

»Da arbeiten die Hetzer mit solchen Mitteln: ein Reclam-Heftchen aus der Klassiker-Reihe, Goethes ›Hermann und Dorothea‹, wird nachgedruckt, sieht ganz unverfänglich aus, aber auf der dritten Seite fängt das Braunbuch an. Man kann diese kleinen Büchlein bequem in einen Briefumschlag stecken und verschicken. Sie haben fast alle deshalb das kleine Oktavformat, so betreiben diese Lumpen ihre Propaganda.«

Trotz des hohen Anteils an Polemik in den beiden Artikeln des *Völkischen Beobachters* haben die Verfasser recht genau wichtige Wesensmerkmale einer Gattung von Druckschriften aus den Jahren zwischen 1933 und 1945 festgehalten, für die sich der Begriff »Tarnschriften« eingebürgert hat:

- sie sind kleinformatig,
- man kann sie in einen Briefumschlag stecken und verschicken,
- sie sehen unverfänglich aus und
- haben einen harmlosen Titel,
- sie sind tatsächlich erschienenen Schriften oft äußerlich angepasst,
- und sie enthalten etwas anderes als Umschlag, später auch Titel und erste und letzte Seiten zunächst erwarten lassen.

Da etwa 80 Prozent dieser Tarnschriften auf die Urheberschaft der KPD zurückgehen, haben sich besonders Bibliographen in der ehemaligen DDR dieser Thematik angenommen, wobei sie auch sozialdemokratische und katholische Tarnschriften erfassten. In der Bibliographie von Heinz Gittig »Illegale Antifaschistische Tarnschriften 1933–1945« wird der Begriff Tarnschrift so definiert:

»Man bezeichnet als Tarnschriften jene Druckerzeugnisse, die unter einem harmlosen, unverfänglichen Umschlagtitel, zum Teil mit fingiertem

Impressum (Verlag, Drucker, Druckort und -jahr) als Absicherung gegen polizeilichen Zugriff und zum Schutze der Verbreiter und Leser, antifaschistische Schriften enthalten. Tarnschriften sind eine moderne Sonderentwicklung der ›Verkleideten Literatur‹; unter diesem Begriff faßt man Schriften zusammen, in denen falsche Angaben über ihre Herkunft gemacht werden, sei es durch Verschweigen von näheren Provenienzangaben, sei es durch fingierte oder wissentlich falsche, in die Irre führende Titel bzw. Autoren- und Verlagsangaben.«

In der Neuauflage von Gittigs grundlegender Bibliographie, 1996 bei Saur erschienen, heißt es ergänzend: »Dazu gehören auch die von den Alliierten während des Zweiten Weltkrieges herausgegebenen Schriften mit Anleitungen zur Sabotage und Wehrkraftzersetzung.«

Die Auflagenhöhe der einzelnen Tarnschriften, so vermutet Gittig, dürfte bei 10.000 Exemplaren gelegen haben. »Vereinzelt wurde getarntes Material auch in weit höherer Auflage hergestellt, so z. B. ›Das Prager Manifest‹ der Sozialdemokratischen Partei Deutschlands, als Tarntitel ›Die Kunst des Selbstrasierens‹, in 40.000 Exemplaren.« 1996 hat Gittig 1.024 Tarnschriften aus 29 Archiven und Bibliotheken Deutschlands erfasst und erschlossen.[4]

Verteilung und Schmuggel

Die nationalsozialistischen Machthaber kamen dem Wunsch der linientreuen Bibliothekare nach Erfassung des illegalen Schrifttums, von dem der ›gute‹ Bibliothekar natürlich wusste, nur zögerlich nach. Bedauernd stellte Hans Peter des Coudres auf dem Bibliothekartag 1935 in Tübingen fest: »Ebenso entgehen den Bibliotheken die gar nicht bekannt gemachten illegalen Hetzschriften, weil nach Auffassung der Polizeibehörden diese Schriften eines besonderen Verbotes gar nicht erst bedürfen. Da diese Schriften, die von großem politischen Wert sein können, auch im Buchhandel des Auslandes nicht zu haben sind, werden hier die Bibliotheken nur auf Abgabe durch

4 Heinz Gittig: Illegale antifaschistische Tarnschriften 1933 bis 1945, Leipzig: VEB Bibliographisches Institut 1972. (87. Beiheft zum Zentralblatt für Bibliothekswesen). S. 11/12. Im folgenden zitiert als: Gittig 1972; ders.: Bibliographie der Tarnschriften 1933 bis 1945. München, New Providence, London, Paris: Saur 1996. S. XI, XIV, S. IX.

die Beschlagnahmebehörden angewiesen sein. […] Schließlich wird man auch vergeblich die beiden großen deutschen Bibliographien zu Rate ziehen.«[5]

Der eingangs zitierte Artikel aus dem *Völkischen Beobachter* bezeichnete die Tarnschriften als »erheblich gefährlicher und wichtiger« als die Emigrantenpresse und machte damit öffentlich, dass getarntes Widerstandsschrifttum durchaus einen Stachel im Fleische der Machthaber darstellte. In späteren Jahren wurde im Übrigen über beschlagnahmte Literatur nicht mehr berichtet, denn dies hätte wohl das Eingeständnis der Tatsache bedeutet, dass die Exekutivorgane dieses Problem nie ganz in den Griff bekamen. So wird z.B. für das Jahr 1937 von 27.717 durch die Grenz- und Zollbehörden beschlagnahmten Publikationen verbotenen Inhalts berichtet und noch für das Jahr 1941 von 25.923.[6] Man bedenke, dass diese Zahlen nur einen Teil der tatsächlich hergestellten und eingeschleusten Gesamtmenge angeben, eben jenen, der konfisziert werden konnte.[7]

Nachdem in den ersten Monaten des »Dritten Reiches« illegale Literatur in erheblichem Umfang noch in Deutschland hergestellt worden war, kam sie später als Schmuggelware über die Grenzen, vor allem aus der Tschechoslowakei, Frankreich und der Schweiz. Die Kreativität der Versender beim Einschleusen und Verteilen der Tarnschriften ist erstaunlich. Schon bei der Herstellung wurden bewusst das leicht zu versendende Oktavformat oder noch kleinere Formate gewählt, die bequem zu transportieren waren.

Um diese gedruckte Konterbande über die Grenze nach Deutschland zu bringen, wurden bekannte und neue Schmugglertricks angewandt. In einem Gestapo-Bericht heißt es dazu: »Verstecke in Stoffballen, Koffern mit doppeltem Boden, gefüllte Reservepneumatiks von Automobilen konnten beobachtet werden.«[8]

Eine besonders pfiffige Art des Schmuggelns war etwa die Nutzung der Grenzflüsse zum Transport von wasserdicht verpackten Druckschriften. Nach vereinbartem Termin wurde jenseits der deut-

5 Hans Peter des Coudres: Das verbotene Schrifttum und die Wissenschaftlichen Bibliotheken, in: Zentralblatt für Bibliothekswesen 52 (1935). S. 459–471, S. 465.

6 Vgl. Walter A. Schmidt: Damit Deutschland lebe. Ein Quellenwerk über den deutschen antifaschistischen Widerstandskampf 1933–1945, Berlin: Kongress-Verlag 1959. S. 737/38 und S. 330.

7 Gittig, 1972, S. 27 und S. 26, Anm. 48.

8 Zitiert nach Gittig 1972, S. 56.

schen Grenze die illegale Flaschenpost aufgegeben und diesseits wieder herausgefischt; gelegentlich wurde sie allerdings bei den falschen Leuten angeschwemmt.

Aus einem Polizeibericht: »Beiliegend überreiche ich elf verschiedene kommunistische Hetzschriften, die am 29.8.1939 bei Neuenweiler von einem Arbeitsdienstmann in einer Blechbüchse aus dem Rhein gefischt wurden. Es handelt sich hierbei fast durchweg um bereits bekannte Hetzschriften und Broschüren, die vermutlich in der Schweiz in Blechbüchsen und Flaschen verpackt, dem Rheinstrom übergeben werden, um sie auf diese Weise den deutschen Volksgenossen zugänglich zu machen.«[9]

Welche ungeheure Menge an illegalem Schrifttum mit Kurieren über die Grenzen nach Deutschland gebracht wurde, zeigen Berichte von ehemaligen aktiven Widerständlern wie etwa derjenige des Journalisten Willi Bohn (1900–1985):

»Die Einfuhr getarnter Kampfschriften gegen die Nazipolitik und die Schaffung der vielen noch erforderlichen Transportkolonnen wurde mir übertragen. [...] Wir gaben unseren Entscheidungen keine besonderen Bezeichnungen, wir verfassten keine Richtlinien, keinen schriftlichen Plan. Die Helfer beim Transport der antifaschistischen Schriften über die Grenze hinweg bis zu den Empfängern in Deutschland wurden nicht zentral erfasst und in keiner Liste als Transportkolonne mit dem Namen ›Otto‹ geführt. Die vielen Frauen und Männer, junge und alte aus den verschiedensten Berufen und Organisationen, wussten wie gesagt nichts davon, dass sie zur ›Transportkolonne Otto‹ gehörten. Diese Bezeichnung trat nirgendwo in Erscheinung. Sie tauchte im Juni 1933 erstmals als eine zunächst scherzhaft gemeinte Bemerkung zum Abschluss unserer Beratungen auf. [...]
Die Mitglieder der Gruppen wurden nie unter ihrem richtigen Namen geführt, immer nur war von Otto, Karl, Theodor, Martha, Ella, Eberhard usw. die Rede. Den Familiennamen und den richtigen Vornamen kannten nur diejenigen, die schon vorher miteinander bekannt waren. Bei Begegnungen wurde nie gefragt: woher kommst Du, und wie heißt Du. Bei den Anlaufstellen lief alles nach einem Kennwort ab, das in jedem Fall anders lautete. Vor dem Betreten einer solchen Stelle mussten etwaige ›Warnzeichen‹ beachtet werden.

[9] Zitiert nach Gittig 1972, S. 64.

Bei der zentralen Leitung gab es keine Aufstellung über diese taktischen Kniffe. Kein verantwortlicher Funktionär wusste mehr, als er für seine unmittelbar zu verantwortende Arbeit wissen musste. Auch ich kannte nicht alle Einzelheiten des verzweigten und verschachtelten Systems. Jeder wusste aber, dass die Widerstandsarbeit nur so abgesichert werden konnte. In der Tat bewahrte uns die strikte Beachtung dieser Regel vor größeren Schäden. Wurde dennoch jemand verhaftet, dann wurde das Gebiet, in dem der Betroffene wohnte, ohne Einschränkung gesperrt. [...]
Unglücksfälle blieben jedoch nicht aus. Bitter war für uns die Verhaftung unserer beiden schweizerischen Freunde [...]. Sie waren oft einzeln oder zusammen mit Flugschriften über die Grenze gegangen und hatten ihr Ziel stets unangefochten erreicht. Sie empfanden kaum noch etwas von der Ungewöhnlichkeit ihres Tuns, ja, sie vergaßen mitunter ganz alle Gefahren. Am 4. Dezember 1934 aber ging es schief. Niemand weiß, ob die Verhaftung der beiden Zufall war, ob sie in eine Falle gegangen oder einem Verrat zum Opfer gefallen waren.
Die Brüder Robert und Fritz wurden beim Grenzübertritt in Grenzach-Horn gestellt. Fritz konnte sich der Festnahme durch Flucht entziehen. Robert wurde festgehalten. Die Gestapo beschlagnahmte bei ihm folgende Schriften:
145 Stück ›Es geht um die Zukunft unseres Volkes‹
71 Stück ›Wie wasche ich schnell und sparsam‹
30 Stück ›1000 Worte Esperanto‹
22 Stück ›Jubiläum Oberammergau‹
19 Stück ›Nieren- und Blasenkrankheiten‹
14 Stück ›Erste Hilfe bei Unglücksfällen‹«[10]

Die Ertappten wurden in der Regel schwer bestraft. Gittig zählt allein zwischen 1933 und 1936 2.700 Verurteilungen im Zusammenhang mit »Herstellung, Herausgabe, Nichtanzeige, Verbreitung und Einschleusen illegaler Schriften.«[11]

Die Verteilung der Flugblätter und Tarnschriften im Inland erforderte ebenso viel Mut und Kreativität wie das Schmuggeln über die Grenze. Das reichte etwa vom gezielten Verteilen illegaler Schriften an die Passanten, die nichts für die Winterhilfe geben wollten, bis

10 Willi Bohn: Transportkolonne Otto, Frankfurt a. M.: Röderberg-Verlag 1970. S. 60f., S. 89.
11 Gittig 1972, S. 38.

hin zum unbemerkten Austausch von »Groschenheften« in Bahnhofsbuchhandlungen gegen Tarnschriften.[12]

Für die Absender von Flugschriften und Tarnschriften ungefährlicher, für die Empfänger aber umso riskanter war der Versand illegalen Schrifttums mit der Post. Denn nicht nur Gesinnungsgenossen im Reich wurden angeschrieben, sondern die Absender suchten auch aus Adressbüchern Anschriften heraus, die sie dann mit anti-nationalsozialistischen Broschüren oder Flugblättern belieferten.

Form und Inhalt

Von einer besonders gelungenen Aktion der Verteilung illegalen Schrifttums auf dem Postwege berichtete ein Mitarbeiter des Reclam-Verlags: Als angeblicher Reclam-Band Nr. 71 wurden unter dem Titel *Friedrich von Schiller: Wilhelm Tell. Volksausgabe* Auszüge aus dem Schauspiel abgedruckt. »In diesem schmalen Bändchen, das freilich nicht an den Umfang eines echten Reclam-Bändchens heranreicht, findet der Leser Auszüge aus Schillers Schauspiel ›Wilhelm Tell‹, die samt und sonders Aussprüche darstellen, welche von der Tyrannei der Unterdrücker und vom Leid der Unterdrückten der damaligen Schweiz handeln.«

Massenlieferungen dieses Titels aus Belgien gingen an viele deutsche Buchhandlungen: »Und so ist es interessant, zu wissen, daß viele Buchhandlungen, die von Belgien mit diesem Material überschwemmt worden sind, überhaupt nicht wußten, dass es sich um eine Feindpropaganda handelte […].«[13]

Nachdem die Widerstandsgruppierungen in den ersten Jahren der nationalsozialistischen Herrschaft vor allem in Deutschland hektographierte oder im Kleinoffset-Verfahren hergestellte Schriften verteilten, ging man später dazu über, Tarnschriften mit aufwendigeren Drucktechniken im Ausland zu produzieren.

Dabei wurde der Umschlag eines gängigen Titels faksimiliert, bald wurden auch noch Titelblatt und Anfangs- und Schlussseiten

12 Vgl. Franz Carl Weiskopf: Anekdoten und Erzählungen, Berlin: Dietz-Verlag 1960. (F. C. W.: Gesammelte Werke. Hrsg. von der Deutschen Akademie der Künste zu Berlin. Bd. 6). S. 41; Gittig 1972, S. 78.

13 Otto Paust: Vergebliche ausländische Hetze gegen ein einiges Deutschland. Die missbrauchten Reclam-Bändchen. Im Weltkrieg wurde mit gleichen Mitteln gearbeitet, in: Das neue Deutschland. Jg. 7 (1937) Heft 7. S. 3/4.

originalgetreu nachgebildet. In der Mitte aber befand sich der subversive Text. Häufig wurden diese Schriften dann noch auf fotomechanischem Wege verkleinert und im Dünndruck hergestellt, um sie etwa in Tee- oder Filmtüten nach Deutschland einschmuggeln zu können.

Die Inhalte des getarnten Schrifttums entsprachen den politischen Intentionen der jeweiligen kommunistischen, sozialdemokratischen oder katholischen Gruppierung – andere mag es geben, sind dem Verfasser aber nicht bekannt. Die Schriften wollten über geheim gehaltene Vorgänge im »Dritten Reich« aufklären oder über Aktivitäten der verschiedensten Exilgruppen, über Veranstaltungen und Manifeste informieren. Auch literarische Texte mit politischer Intention wurden abgedruckt – kurz: Alle diese Schriften dienten dem Kampf gegen das nationalsozialistische Regime.[14]

Tarnschriften in der psychologischen Kriegführung

Im Zweiten Weltkrieg – wie eingangs erwähnt auch im Ersten – versuchten die Kontrahenten, mit Hilfe von Tarnschriften »Wehrkraftzersetzung« des Gegners zu betreiben; Aktivitäten der englischen und amerikanischen Propaganda-Truppen sind gut dokumentiert. Der englische Geheimdienstler und Journalist Sefton Delmer (1904–1979) erinnerte sich an ein »Handbuch, das die Deutschen in der Kunst unterwies, zu simulieren und ihre Ärzte so weit zu bekommen, daß diese ihnen einen Krankheits- oder Genesungsurlaub verschrieben«:

»Wir brachten diesen Text in den verschiedensten Verkleidungen: als Handbuch der Leibesübungen für die deutsche Marine, als Gesangbuch, als Eisenbahn-Kursbuch, als Kalender und sogar ganz offen als Reclamheft mit dem Titel *Krankheit rettet … von Dr. med. Wilhelm Wohltat.* […]
Erst wenn man überall etwas weiterblätterte, kamen unsere ›Un-Gesundheitsvorschriften‹ zum Vorschein. Die von uns empfohlenen Simuliertechniken waren eigens von unserem ›Zauberdoktor‹« Dr. J. T. McCurdy

14 Vgl. Hildegard Brenner: Deutsche Literatur im Exil, in: Handbuch der deutschen Gegenwartsliteratur. Bd. 2. Hrsg. v. Hermann Kunisch. München: Nymphenburger Verlagsbuchhandlung 1965. S. 677–686.

[…] ausgearbeitet worden […]. McCurdys Spezialgebiet in Friedenszeiten war die Heilung von Geisteskrankheiten gewesen. […]
Dr. McCurdy stellte zwei Grundregeln für Simulanten auf. Erstens musste der Simulant bei seinem Arzt den Eindruck erwecken: ›Hier ist ein williger Arbeiter oder ein diensteifriger Soldat, der das Unglück hat, sehr gegen seinen Willen krank zu sein.‹ Zweitens durfte der Simulant dem Arzt gegenüber niemals erklären, er sei krank, oder gar eine bestimmte Krankheit nennen oder unaufgefordert Symptome aufzählen. ›Ein einziges Symptom, das der Arzt durch seine eigenen Fragen entdeckt‹, sagte das Handbuch, ›ist mehr wert als zehn Symptome, mit denen der Patient dem Doktor gleich ins Gesicht springt‹.
Dann wurden all die Symptome aufgeführt, die der Patient dem Arzt während der Untersuchung gewissermaßen suggerieren sollte. Diese Symptome waren nicht nach Krankheiten eingeteilt, sondern nach der Art des Urlaubs, den der Patient herausschinden sollte, also danach, ob er kürzere und längere Zeit vom Dienst befreit oder gar für die Dauer des Kriegs zurückgestellt zu werden wünschte.
›Wir verfolgen bei der Herstellung dieser kleinen Broschüre zwei Ziele‹, erklärte ich meinen Besuchern. ›Einerseits hoffe ich, dass eine Anzahl von Deutschen diese Regeln befolgen wird, andererseits möchten wir die deutschen Ärzte, die von der Existenz dieser Broschüre in Kenntnis gesetzt werden – und das wird bestimmt der Fall sein, – veranlassen, auch in den Fällen ein Simulieren zu vermuten, in denen der Patient nicht simuliert. Ich hoffe sehr, dass sie von jetzt ab effektiv kranke Männer und Frauen an ihre Arbeit zurückschicken und dadurch vielleicht sogar zur Verbreitung von Krankheiten beitragen, weil sie glauben, dass die Patienten ihre Symptome mit Hilfe dieses nichtswürdigen Dr. med. Wohltat vorgetäuscht haben.‹
Meinen Kunden von der Résistance gefiel dieser Gedanke. Aber leider nahmen die Dinge nicht den Lauf, den ich beabsichtigt hatte. Denn die deutschen Behörden waren von den angegebenen Möglichkeiten in Dr. McCurdys Broschüre so beeindruckt, dass sie sie ins Englische übersetzen ließen und in die Linien der englischen und amerikanischen Truppen einschmuggelten. Die in Deutschland angefertigte englische Version unseres Opus überdauerte sogar den Krieg. Noch bis zum Jahre 1952 erzielten Exemplare davon hohe Preise in Soho. Denn in unserem Nachkriegs-Wohlfahrtsstaat war das hier vermittelte Wissen geradezu unbezahlbar.«[15]

15 Sefton Delmer: Die Deutschen und ich. Autorisierte Übers. a. d. Englischen von Gerda v. Uslar. Überarb. Sonderausgabe, Hamburg: Nannen

Die Tarnschriften-Sammlung der Gottfried Wilhelm Leibniz Bibliothek

Die erste Sammlung von Tarnschriften in der Gottfried Wilhelm Leibniz Bibliothek wurde 1983 antiquarisch erworben. Außerdem besitzt die Gottfried Wilhelm Leibniz Bibliothek eine Reihe von faksimilierten Tarnschriften sowie die Mikrofiche-Edition des KG Saur-Verlages »Tarnschriften 1933 bis 1945«[16].

Gelegentlich stehen die Auswahl der Tarntitel und die Inhalte in einem ironischen Zusammenhang, ob beabsichtigt oder nicht beabsichtigt, sei dahingestellt. So heißt ein Heftchen, das Beschlüsse der Exekutiv-Komitees der Kommunistischen Internationale und die Lage in Deutschland 1934 beschreibt *Siegfrieds Tod. Ein Ufa-Film von Fritz Lang.* Eine angebliche Anweisung von Erich Schwandt, wie man störungsfrei Rundfunk empfangen könne, enthält Informationen über den 7. Kongress der Kommunistischen Internationale 1935. Sicherlich beabsichtigt ist die Textzusammenstellung in einer angeblichen Sammlung von Drolligem aus der Kinderstube »Kindermund«, wo es auf Seite 2 wie folgt heißt:

»Der kleine Werner wird von allen Verwandten ob seiner schönen, grossen Augen bewundert. Sein älterer Bruder Fritz, der von der Natur stiefmütterlicher behandelt ist, ärgert sich darüber und sagt eines Tages
GENOSSEN!
Das Schicksal der Jugend ist zur brennendsten Frage unserer Zeit und zur wichtigsten Frage des deutschen Volkes geworden, das so schwer bedrückt ist [...]«

Die Mehrzahl der Tarnschriften der Gottfried Wilhelm Leibniz Bibliothek gibt sich als Ratgeber-Literatur aus, so etwa die Anweisung

1963. S. 538–540 (Originalausgaben: An autobiography. 1. Trail Sinister, 2. Black Boomerang, London 1961/62). Vgl. auch Klaus Kirchner: Krankheit rettet. Psychologische Kriegführung, Erlangen: Verlag D+C, 1976 (Achtung! Feind-Propaganda! Bd. 4).

16 Vgl. Georg Ruppelt: Thomas Mann im Teebeutel. Die Tarnschriften-Sammlung der Gottfried Wilhelm Leibniz Bibliothek. Hameln: CW Niemeyer 2007 (Lesesaal, H. 26). – Tarnschriften 1933 bis 1945. Hrsg. in Zusammenarbeit mit der Stiftung Archiv der Parteien der Massenorganisationen der DDR im Bundesarchiv, München: Saur 1997. 175 Mikrofiches und ein Begleitheft.

wie man eine Nähmaschine bedient, ob und welches Musikinstrument man sich zulegen solle, vorgebliche theoretische Hinweise über das Springen, das unter anderem angeblich vom Reichssportführer 1936 herausgegeben wurde, sowie Beschreibungen von Pilzen, Beeren und Wildgemüsen, Rezepte für köstliches Backwerk oder auch Anleitungen zum Schachspielen.

Eine gewisse Ironie mag man vielleicht auch in der Tarnschrift »Der humoristische Taschenspieler« erkennen, in der Tricks angekündigt werden, mit denen man ein Publikum an der Nase herumführen könne. Tatsächlich enthält das Heftchen dann aber u.a. Reden von Stalin und Wilhelm Pieck. Eine Werbeschrift für »Persil von Henkel«, die in Wirklichkeit einen Artikel von Georgi Dimitroff über die »Einheitsfront des Kampfes für den Frieden« enthält, wirkt im Rückblick eigenartig insofern, als nach 1945 der Begriff »Persil-Schein« eine besondere Bedeutung erhielt.

In einem unmittelbar aufeinander bezogenen und stimmigen Zusammenhang stehen Tarntitel und Inhalt in einer offenbar von katholischer Seite beeinflussten Kampfschrift mit dem Titel *Der barmherzige Samariter.* Nach einer Zusammenfassung über Erste Hilfe bei verschiedenen Unfällen folgt ein Aufruf des katholischen Widerstandes, die politischen Opfer des nationalsozialistischen Regimes zu unterstützen. Es schließt sich eine »Unvollständige Liste verfolgter, verhafteter oder gemaßregelter Pfarrer« an; darauf werden »Beschimpfungen, Lästerungen, Gewalt!«, denen die Angehörigen der christlichen Kirchen unterworfen werden, dokumentiert. Schließlich werden die Namen von verurteilten Ordensgeistlichen aufgelistet.

Die Tarnschrift schließt mit dem Aufruf, im Kampf gegen die Nazis mit allen Widerstandskämpfern, auch mit Sozialisten und Kommunisten, zusammenzuarbeiten:

»Findet zueinander den Weg! Setzt Euch zusammen! Sprecht miteinander! Bildet gemeinsame Gruppen zur Unterstützung aller Gefangenen und ihrer Familien!

Vorhandene Schwierigkeiten überwindet, Hemmungen beseitigt, Verleumdungen der Nazi-Presse beachtet nicht!

Helft alle und überall, damit ein einheitlicher all umfassender Hilfsverband gegen den nationalsozialistischen Terror entstehe, eine wahre Volkshilfe gegen die braunen Volksverderber!

Es ist Menschen- und Christenpflicht, die Euch ruft! Im Namen der Wahrheit, des Friedens und der Freiheit – allen politisch Verfolgten unsere gemeinsame brüderliche Hilfe!
Sofort weitergeben.«

Eine 2006 der Gottfried Wilhelm Leibniz Bibliothek von ihren Freunden und Förderern überantwortete Tarnschriften-Sammlung weist spektakuläre Stücke auf. Dazu zählen zwei Schriften, die nicht nur textliches Material enthalten, sondern auch Pflanzenreste. Der »Letzte Appell« des exilierten Schriftstellers und Journalisten Gustav Regler steckt als Dünndruck-Broschüre in einer Packung mit (noch vorhandenem) Tomaten-Samen. Vorhanden ist auch noch der schwarze Tee, vermutlich aus dem Jahr 1939, dessen Aufbewahrungstüte außerdem noch Widerstandstexte u. a. von Thomas und Heinrich Mann enthielt.

Ausgesprochen »sophisticated« erscheint heute eine »Anleitung zur Gesichtsmassage« mit Nivea, auf deren Rückseite ein Nachdruckverbot (!) vermerkt ist.

Erst beim aufmerksamen Lesen erschließt sich der subversive Inhalt eines vermeintlich systemkonformen und fürsorglichen Ratgebers für die Sparer der Sparkasse Berlin. Darin ist u. a. zu lesen:

»Was können wir tun, um die Sicherheit der Sparguthaben zu garantieren und ihre Entwertung zu verhindern? Das einfachste wäre natürlich, unseren Kunden zu raten, ihre Gelder abzuziehen. Aber eine solche Maßnahme würde nicht nur unseren Kredit schädigen, sondern auch die Möglichkeiten weiterer Anleihen durch das Reich, die auch künftig natürlich ausgegeben werden sollen, sehr erschweren. Ueberdies planen wir, in der nächsten Zeit neue Regulierungen herauszubringen, die das Abheben von Spargeldern noch erschweren werden. Wir können nicht zulassen, daß unserer Wirtschaft ihr Blut durch vaterlandsloses und auf den eigenen Vorteil bedachtes Abheben von Sparkassenguthaben entzogen wird. Das wäre gegen den Wahlspruch unseres Führers: Gemeinnutz geht vor Eigennutz. Und die Sparguthaben müssen mehr und mehr von unserem Volke als Gemeingut betrachtet werden, als Gut und Blut für unsere Aufrüstung. Sollte es wirklich so schwer sein zu begreifen, daß man auch heute schon, noch bevor wirkliches Blut auf den Schlachtfeldern fließt, dem Vaterland Wirtschaftsblut opfern muß! Und eben dieses Wirtschaftsblut, das sind die Sparguthaben der Millionen Sparer.

Wie aber sollen unsere Sparer ihre Guthaben vor der Entwertung retten? Was können wir tun, um unseren Sparern zu helfen? Es ist schwer darauf, schon heute eine Antwort zu geben. Wir werden uns mit den maßgebenden Stellen in Verbindung setzen, und mit ihnen entsprechende Maßnahmen beraten. Sobald wir zu Beschlüssen gekommen sind, werden wir sie unterrichten, von dem was beschlossen.
Für heute gilt nur die Parole, die jedem guten Deutschen einleuchten muß. Laß Dein Geld auf der Sparkasse! Hebe nur soviel ab, wie Du unbedingt brauchst, und besser noch: hebe gar nichts ab, denn keine Not kann so groß sein, daß man lieber das rüstende Vaterland schädigt als selber etwas Not zu leiden. Und wenn das Geld entwertet werden sollte, so können wir nur mit unserem Führer sagen: ›Ich habe viel in meinem Leben erlebt, ich werde auch noch das überleben.‹
........................Vereinigung Deutscher Sparkassen.«

Liebknecht und Luxemburg in VW-Scheinwerfern

Die Ausstellungen der kleinen, aber durchaus repräsentativen Tarnschriften-Sammlung der Gottfried Wilhelm Leibniz Bibliothek in verschiedenen deutschen Städten und in der Rijksuniversiteit Groningen (Niederlande) fanden großes Interesse bei einer breiten Öffentlichkeit. Besonders erfreulich war die Tatsache, dass der Bibliothek weitere Tarnschriften aus Privatbesitz geschenkt wurden, u.a. eine wohl seltene, getarnte Ausgabe des perfiden englischen Mediziners Dr. med. Wohlthat unter dem Titel »August Winnig – Stiegel der Holzhauer«.

Zu diesen Geschenken gehört auch eine Ausgabe der Zeitschrift *Arbeitertum. Amtliches Organ der Deutschen Arbeitsfront, einschl. NS.-Gemeinschaft »Kraft durch Freude«* vom September 1938. Auf der vorderen Umschlagseite dieses Heftes ist der KdF-Wagen (der spätere Volkswagen) abgebildet; es ist ein Kabriolett. Darin strahlen zwei sitzende Herren und eine stehende Dame den Betrachter an. Die attraktive junge Dame streckt den rechten Arm zum Gruß in die Höhe – zweifellos eine politisch motivierte Geste.

Diese Zeitschrift wurde der Bibliothek von einem Arzt im Ruhestand aus Bochum zugesandt, der dem Verfasser in einem langen Telefongespräch darüber folgendes berichtete. Das Heft habe seinem Vater gehört, der Arbeiter in einem Industriebetrieb im Ruhrgebiet gewesen sei. Kurz nachdem die Hefte im Betrieb verteilt worden wären, hätte sie die Betriebsleitung sofort wieder einsammeln lassen. Sein Vater aber habe das Heft behalten, allerdings aus Vorsicht seinen Namen auf dem Umschlag herausgerissen (daher stammt der dunkle Fleck unterhalb des rechten Scheinwerfers) und das Heft dann in der untersten Schublade seines Nachtschrankes aufbewahrt.

Was mag der Grund für dieses Eingreifen der Betriebsleitung gewesen sein? Die Antwort, die der Bochumer Arzt dem Verfasser mitteilte, ist verblüffend. Wenn man nämlich das Heft auf den Kopf stellt und die Scheinwerfer betrachtet, kann man zwei Porträts erahnen. Die Arbeiter damals aber hätten, so der Bochumer Arzt, diese beiden Köpfe sofort als Rosa Luxemburg und Karl Liebknecht identifiziert. Die rasche »Rückrufaktion« der Betriebsleitung wäre also auf diesen Bilderschmuggel zurückzuführen.

Man fragt sich, was wohl aus dem Schriftleiter, dem Graphiker, dem Fotographen und anderen Personen geworden ist, die an der Herstellung dieses »Arbeitertum«-Heftes beteiligt waren. Unsere Nachforschungen zu den Hintergründen dieser vermuteten Widerstandsaktion waren bisher erfolglos.

Max Locke: Die Nähmaschine – ihre Behandlung und Reparatur. Dresden: Seidel & Naumann AG [1935]. 60 S. (8 × 11,3 cm)

Inhalt
VII. Weltkongreß der Kommunistischen Internationale. D. Manuilski: Der Sieg des Sozialismus in der Sowjetunion und seine weltgeschichtliche Bedeutung. Bericht, erstattet am 17. August 1935, zum 4. Punkt der Tagesordnung. S. 5–58.

komitees mit Genossen Stalin an der Spitze diente und dient unsere Partei bis zuletzt der Sache des proletraischen Internationa ismus, indem sie die Wehrkraft des Landes der Sowjets stärkte und weiter stärkt. *(Stürmischer Beifall.)*

Und wenn heute die Werktätigen aller Länder nicht entwaffnet dem Klassenfeind gegenüberstehen, wenn sie heute in ihrem Befreiungskampf ihre Blicke voll Hoffnung, auf den Staat der proletarischen Diktatur, auf das Land des sieggekrönten Sozialismus, auf das mächtige Bollwerk des Friedens und der Freiheit der Völker, auf die Sowjetunion richten, so ist diese grossartige Errungenschaft ein Resultat der Stalinschen Politik — der Sache des proletarischen Internationalismus bis zuletzt treu zu sein! *(Beifall.)*

Und unsere Partei, unser Volk, unser Land, von Lenin und Stalin erzogen, sind dieser Sache des proletarischen Internationalismus unveränderlich treu und werden ihr treu sein — welchen Prüfungen die Geschichte uns auch immer unterziehen mag. Jeder von uns wird der Sache des proletariechen Internationalismus bis zur letzten Kraftanstrengung, bis zum letzten Atemzug, bis zum letzten Blutstropfen treu sein. *(Stürmischer Beifall. Hurra-Rufe. Alle erheben sich.) Deshalb eben, Genossen, sehen die Ausgebeuteten und Unterdrückten in allen Teillen des Erdballs in unserem Land des sieggekrönten Sozialismus ihr Vaterland, in unserer Partei und unserer Arbeiterklasse die Stossbrigade des Weltproletariats, in unserem Stalin den grossen, weisen, geliebten Führer der gesamten werktätigen Menschheit. (Stürmischer Beifall.)*

Es lebe und erstarke die unerschütterliche Sache des proletarischen Internationalismus!

Es lebe die Sowjetunion, das Vaterland der Werktätigen der ganzen Welt! (Beifall.)

Es lebe unser Stalin! (Stürmischer Beifall, der in eine Ovation übergeht. Alle erheben sich. Rufe: *«Hurra», «Banzai», «Rot Front», «Es lebe die Sowjetmacht!», «Es lebe Genosse Stalin!»* Die Delegierten singen in ihren Sprachen die «Internationale».)

Fadenregulierfeder so biegen, daß der Oberfaden lose wird, wenn die Nadel in den Stoff einsticht.

3. Wenn Faden und Stoff von verschiedener Farbe sind, wird der sog. Grätenstich erzeugt. (Schiefliegender Stich.)

58

Den Nähfaden der Stoffarbe anpassen.

4. Der Faden kann die Ursache einer unschönen Naht sein.
   a) Der Zwirnsfaden ist ungleichmäßig.
      Besseren Zwirnfaden verwenden.
   b) Der Faden ist zu stark.
      Den Faden nicht zu stark zum Gewebefaden wählen.
   c) Der Oberfaden ist zu stark oder zu schwach zum Unterfaden gewählt.
      Beide Fäden gleichmäßig wählen. Der Unterfaden kann eher etwas schwächer gewählt werden.
5. Die Nadel ist zu schwach oder zu stark zum Faden.
   Die Nadel nach der Tabelle Seite 13 zum Faden wählen.
6. Der Oberfadenweg ist nicht sauber. Der Faden bleibt an einer unsauberen Stelle des Fadenweges oder am Schlingenfänger hängen (z. B. Kapselschraube zu weit herausgedreht.)
   Den Fadenweg säubern, das Hindernis beseitigen.
7. Der Unterfadenweg ist nicht sauber. Der Faden findet Widerstand. Die Spule paßt schlecht.
   Den Fadenweg säubern, die Spule austauschen.

Lauter Gang

1. Bei Maschinen mit Schiffchenbahn ist der Unterfaden zu Beginn des Nähens nicht heraufgehoben worden, dadurch sind Fadenreste in die Schiffchenbahn gelangt und verursachen einen lauten Gang.
   Bei Beginn des Nähens stets den Unterfaden hochholen und beide Fadenenden mit dem Stoff unter das Füßchen klemmen.
2. Das Schiffchen, die Kapsel bei Rundgreifer-Maschinen, haben zuviel Fadenluft.
   Den Durchgang des Fadens zwischen Schiffchen und Korb oder Treiber so einstellen, daß ein 40er Faden noch bequem hindurchschlüpfen kann; bei Rundgreifer-Maschinen die Brille entsprechend stellen.
3. Schlechtsitzende Kapsel bei Rundgreifer-Maschinen verursacht einen lauten Gang.
   Die Kapsel austauschen.
4. Das Schiffchen bei Zentralspulen-Maschinen hat mit dem Tragring in der Schiffchenbahn zuviel Luft.
   Das Schiffchen auswechseln.
5. Die Verbindung zwischen zwei Teilen kann sich gelockert haben.
   Die Verbindungsstelle wieder dicht stellen.

59

1. Einführen der Nivea-Creme in die Haut

Erst das Gesicht gut mit Nivea-Creme einreiben, und zwar in kreisförmigen Bewegungen von unten nach oben.

*) VII. Weltkongreß der Kommunistischen Internationale: *Maurice Thorez, Die Volksfront für Brot, Freiheit und Frieden.* Die Erfolge der antifaschistischen Einheitsfront in Frankreich. Rede, gehalten am 3. August 1935.

Der dem VII. Kongreß der Kommunistischen Internationale erstattete Bericht über die Offensive des Faschismus und über den Kampf für die Einheit der Arbeiterklasse gegen den Faschismus wirft Fragen von großer Wichtigkeit und außerordentlicher, internationaler Tragweite auf. Niemand hätte diese Fragen mit mehr Kompetenz und Autorität behandeln können als unser Genosse *Dimitroff*, der Held des Prozesses von Leipzig. *(Beifall.)*

Den von dieser höchsten Tribüne, die sich denken läßt, gegen die blutige Barbarei des Faschismus formulierten Anklageakt — Dimitroff hat ihn in Leipzig, wie er stolz erklärte, im Namen der Kommunistischen Internationale und der Arbeiter der ganzen Welt den Goebbels und Göring, den verbrecherischen Spießgesellen des Verbrechers Hitler, ins Gesicht geschleudert.

Dem Einheitsstreben der Arbeiterklasse, der Vereinigung aller Antifaschisten gegen das größte Verbrechen, das die Geschichte kennt, hat Genosse Dimitroff durch das Beispiel seines kühnen und unbezwingbaren Mutes einen mächtigen Anstoß gegeben. In der ganzen Welt haben Millionen Menschen — Kommunisten, Sozialisten, Antifaschisten, Arbeiter und Intellektuelle — mit banger Erregung den heroischen Kampf verfolgt, den Dimitroff den Henkern des deutschen Volkes, den Peinigern unseres tapferen Thälmann lieferte.

Der Name des Bolschewiks Dimitroff wird mit bewegtem Dank und liebevoller Bewunderung von allen ausgesprochen, die gewillt sind, sich zu vereinigen, um den brutalen Angriff des Faschismus zurückzuschlagen.

Marcel Cachin hat dem Kongreß bereits eine lebendige Schilderung des großen Kampfes gegeben, der sich zur Zeit in Frankreich zwischen den reaktionären Kräften des Faschismus und den progressiven und revolutionären Kräften des Antifaschismus abspielt. Unser Kampf in Frankreich ist unbestreitbar von großer internationaler Bedeutung. Von dem Ausgang des Kampfes, von der Zukunft unserer antifaschistischen Bewegung hängt für viele Jahre das Schicksal des französischen Volkes und der Völker Europas ab. Im Bewußtsein der Verantwortung unserer Kommunistischen Partei nicht nur vor den Arbeitern Frankreichs, sondern auch vor unseren Brüdern in den anderen Ländern erlauben wir uns, zur Diskussion über den so machtvollen und gleichzeitig so schlichten und packenden Bericht unseres Genossen Dimitroff einen Beitrag zu liefern, gestützt auf die reiche Erfahrung unserer antifaschistischen Bewegung.

4

1. Der Faschismus in Frankreich eine reale und unmittelbare Gefahr

Die mächtige Demonstration der Volksfront vom 14. Juli 1935 in Frankreich hat ein gewaltiges Echo in der ganzen Welt gefunden. Niemals noch hat Paris eine so gewaltige Demonstration gesehen. Eine halbe Million Männer und Frauen marschierten vom Platz de la Bastille zum Platz de la Nation, durchzogen den alten, an revolutionären Erinnerungen reichen Arbeitervorort Saint-Antonie. Auf Initiative des Komitees Amsterdam-Pleyel*) beteiligten sich in Paris und in ganz Frankreich an den Volksdemonstrationen vom 14. Juli zahlreiche Organisationen, darunter: die Kommunistische Partei, die Sozialistische Partei, die Radikal-sozialistische Partei, die beiden Gewerkschaftskonföderationen, die Liga für Menschenrechte, verschiedene Organisationen ehemaliger Kriegsteilnehmer, die vereinigte Sportföderation und die kommunistischen, sozialistischen, radikalen und republikanischen Jugendorganisationen usw. Die begeisterten Demonstranten begrüßten jubelnd die Volksfront und ihre Losungen des sofortigen Kampfes für Frieden, Brot und Freiheit. Im besonderen bekundeten sie ihre Sympathie für unsere Kommunistische Partei, den Vorkämpfer der Einheit der Arbeiterklasse, den Initiator und Organisator der Volksfront. Sie lancierten die seitdem in ganz Frankreich populär gewordene Losung: *»Sowjets überall!«*

Es wäre jedoch, wie Genosse Dimitroff gestern mit Recht betonte, höchst gefährlich, sich der Illusion hinzugeben, als sei der Faschismus bereits besiegt. Zur selben Stunde, in der das Volk von Paris seinen Willen bekundete, dem Faschismus den Weg zu versperren, nahm der Oberst Graf de la Rocque die Parade seiner Bürgerkriegstruppen ab. Sie waren ihrer 35 000 Mann, auf Einladung des Hauptes der Regierung, aufmarschiert, um am Grabe des unbekannten Soldaten die Erinnerung an den Weltkrieg wieder zu beleben. Sie marschierten im Gleichschritt, in militärischer Ordnung. Und wir wissen, daß die Feuerkreuzler Waffen besitzen, Motorräder, Autos und Flugzeuge. Der faschistische Feind ist nicht zerschlagen. Er gruppiert seine Kräfte um und bereitet sich zu neuen Attacken vor. Die Gefahr wächst ständig. Die tiefwurzelnden Ursachen, die den Faschismus entstehen lassen, dank denen er sich entwickeln und stärken wird, sind nicht verschwunden. Die fortschreitende Verschärfung der allgemeinen Krise des Kapitalismus, die Fortdauer der Wirtschaftskrise lassen die Existenzbedingungen der Arbeiter immer unerträglicher werden. Um der Revolte der werktätigen Massen zuvorzukommen und sie niederzuschlagen und um durch die

*) Im Saal Pleyel in Paris tagte im Jahre 1933 der II. Internationale Kongreß der Amsterdamer Antikriegsbewegung.

5

Erfolg durch Nivea. Anleitung zur Gesichtsmassage. Nivea-Creme in Dosen und Tuben.
o. O.: P. Beiersdorf & Co. [1935]. 52 S. (7,5 × 10,1 cm)

Inhalt
Maurice Thorez: Die Volksfront für Brot, Freiheit und Frieden.
Die Erfolge der antifaschistischen Einheitsfront in Frankreich. Rede, geh. am 4. August 1935. (VII. Weltkongreß d. Komintern.) S. 4–45.
Unser Litvertrieb in der Illegalität. Einige Hinweise für alle Kommunisten und Antifaschisten. S. 45–51.

100 [hundert] timbres – stamps – Briefmarken. [Sichtbeutel mit eingeklebten Briefmarken.]
o. O. [1939]. 14 S.
(Beutel: 13,5 × 10,5 cm;
Inhalt: 10,2 × 12,8 cm)

Inhalt
Deutsche Arbeiter! Ihr seid die Hoffnung! Aufruf von Heinrich Mann, Lion Feuchtwanger, Gustav Regler, Rudolf Leonhard. S. 3–14.

Tomate Wunder des Marktes.
Tomate Merveille des marchés.
o. O. [1939]. 32 S.
(Beutel: 7,8 × 13,8 cm; Inhalt: 7,4 × 12,8 cm)

Inhalt
Gustav Regler: Der letzte Appell.
[Dt. Schriftsteller im Exil.] S. 1–32.

Lyon's Tee.
Rot Etikett.
o. O. [1939]. 32 S.
(Beutel: 6,6 x 10 cm;
Inhalt: 6,1 x 9,5 cm)

Inhalt
Hermann Budzislawski: Der Dauerredner. S. 2–6.
Heinrich Mann: Die deutschen Soldaten. S. 7–13.
Carl Misch: Die roten Zeitungen. S. 13–16.
S. Aufhäuser: 14 neue Inflationsmilliarden. S. 16–19.
Thomas Mann: Deutsche Erziehung. S. 19–21.
Georg Bernhard: Kriegsfinanzierung. S. 21–25.
Der soziale Todt. S. 26–28.
Gustav Regler: Am Freiheitssender. Eine Ansprache auf Welle 29,8. S. 29–30.
Paul Westheim: Die neue Reichskanzlei. S. 31–32.

Arbeitertum

AMTLICHES ORGAN DER DEUTSCHEN ARBEITSFRONT EINSCHL. NS.-GEMEINSCHAFT „KRAFT DURCH FREUDE"

Fahrt mit dem KdF.-Wagen
Vgl. unseren Artikel in dieser Folge

8. JAHRGANG 1938

PREIS 10 PF.
VERLAGSORT BERLIN

FOLGE 11 · 1. SEPTEMBER 1938

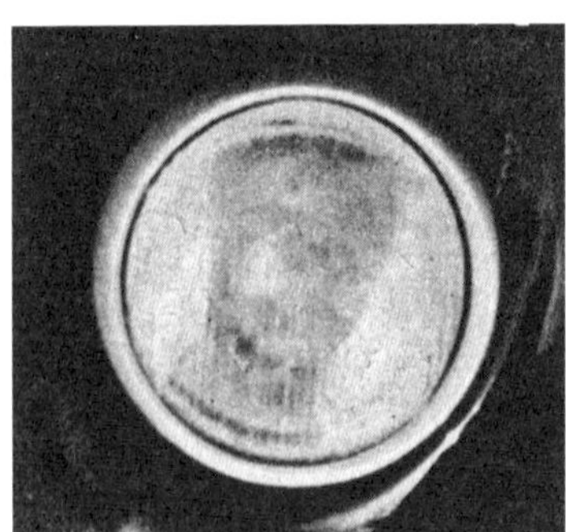

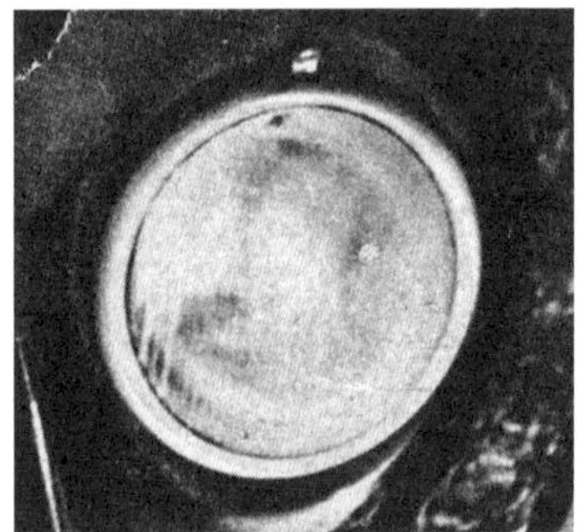

Arbeitertum. Amtliches Organ der deutschen Arbeitsfront einschl. NS.-Gemeinschaft Kraft durch Freude«.
8. Jg. 1938. Folge 11 vom 1. September 1938. GWLB: CIM 4/5004

Andreas Heusler

Die Zukunft der Erinnerung. Wege und Konzepte des Widerstandsgedenkens

Der Gegenstand des Gedenkens

Wenn wir heute über die Kultur der Erinnerung des Widerstands sprechen, können wir drei Problemstellungen identifizieren. Erstens: Das Phänomen des Widerstands ist in eine spürbare Distanz zu unserer eigenen Lebenswelt getreten. Die Akteure des Widerstands sind uns fremd geworden. Und das, obwohl ihre Lebenswege und ihre Beweggründe inzwischen von den Geschichtswissenschaften und den einschlägigen Nachbardisziplinen umfassend und gewissenhaft ausgeleuchtet worden sind. Der noch in den 1950er Jahren eher kleine, überschaubare Kreis von NS-Gegnern ist seitdem durch die Forschung erheblich erweitert und in den vergangenen Jahrzehnten um viele neue Namen und Gesichter ergänzt worden. Heute kennen wir nicht nur die Leitfiguren des militärischen Widerstands, des »Kreisauer Kreises«, der »Roten Kapelle« oder der »Weißen Rose«.[1] In vielen Städten erinnert man inzwischen auch an weniger prominente Widerstandsaktivisten[2], wie etwa – in München – an den aus dem Umfeld der evangelischen Kirche stammenden Wilhelm von Pechmann.[3] Oder an den jungen Katholiken Walter Klingenbeck,

1 Hartmut Mehringer: Widerstand und Emigration. Das NS-Regime und seine Gegner, München: dtv 1997.

2 Jürgen Zarusky: Widerstand in der »Hauptstadt der Bewegung«. Versuch einer politischen Topografie in zwölf Fragen, in: Stefanie Hajak, Jürgen Zarusky (Hrsg.): München und der Nationalsozialismus. Menschen, Orte, Strukturen, Berlin: Metropol 2008, S. 153–184.

3 Gott will Taten sehen. Christlicher Widerstand gegen Hitler. Ein Lese-

der 1943 in Stadelheim hingerichtet wurde.[4] Auch die vielen Kleinformen widerständigen Verhaltens, die Alltagsproteste, die vielfältigen Formen von Nonkonformität und Verweigerung von »normalen« Deutschen, sind uns inzwischen geläufig. Zuletzt wurde auch der sogenannte Rettungswiderstand »entdeckt«.[5] In Berlin widmet sich ein eigener Erinnerungsort den lange vergessenen »heimlichen Helfern«. Wir sind in der Lage, die Motive der Unangepassten, der Loyalitätsverweigerer, der Oppositionellen und der Widerstandskämpfer darzustellen und einzuordnen. Wir können beschreiben, was sie getan haben, welche Risiken sie auf sich nahmen und welche Folgen ihr Verhalten hatte. Aber es fällt uns zunehmend schwer, nachzuvollziehen, was es persönlich bedeutet hat, einem aggressiven Regime, einer gleichgeschalteten Gesellschaft zu widerstehen. Was es für die Akteure und für deren familiäres, soziales Umfeld bedeutete, in einem mörderischen System für Freiheit und humanitäre Werte, für Respekt und Toleranz einzutreten. Unsere Erfahrungswelt deckt sich nicht einmal ansatzweise mit der Erfahrungswelt der Menschen in der ersten Hälfte des 20. Jahrhunderts. Der mitteleuropäische Rechts- und Sozialstaat des 21. Jahrhunderts kennt widerständiges Verhalten nurmehr als gefällige Geste aus der Komfortzone heraus. »Nein-Sagen« ist in unserer Zeit – glücklicherweise – keine lebensgefährliche Grundsatzentscheidung. Und eine von gängigen Normen abweichende Lebensführung ist schon längst keine Provokation mehr, sondern höchstens ein aufsehenerregendes Alleinstellungsmerkmal in einer zunehmend beliebig werdenden Welt.

Zweitens stellen wir fest, dass der öffentliche Umgang mit dem Widerstand »kein Aufreger« mehr ist. Die Würdigung von Akteuren, Gruppen und Formen des Widerstands liefert kaum noch Anlass zur Kontroverse. Die frühe Tabuisierung des Widerstands und der Ideologieverdacht einzelner Widerstandsaktivitäten während der 1950er, -60er und -70er Jahre sind weitgehend überwunden – auch wenn bisweilen noch Restbestände von Ressentiments gegen einzelne Gruppen und Akteure des Widerstands wahrgenommen

buch (ausgewählt, eingeleitet und kommentiert von Margot Käßmann und Anke Silomon), München: Beck 2013.

4 Marion Detjen: »Zum Staatsfeind ernannt …«. Widerstand, Resistenz und Verweigerung gegen das NS-Regime in München, München: buchendorfer Verl. 1998, S. 204–208.

5 Beate Kosmala: Stille Helden, in: Aus Politik und Zeitgeschichte B 14–15 2007, April 2007, S. 29–34.

werden können. Eine Folge dieser abgekühlten Betrachtung, dieser sachlichen Auseinandersetzung, dieser entideologisierten Bewertung ist, dass der Widerstand gewissermaßen als »Phänomen der Normalität« in den Kanon des Geschichtswissens, in die Lehrpläne der Schulen und Universitäten und in die Rituale des Gedenkens eingegliedert wird. Mit anderen Worten: Der Widerstand gegen den Nationalsozialismus hat seinen Ort in der deutschen Erinnerungslandschaft gefunden. Dieser Ort wird im breiten gesellschaftlichen und politischen Konsens nicht mehr in Frage gestellt. Das ist gut so, wenngleich der breite Konsens auch zu Stagnation, zu einer gewissen Bewegungsstarre im Umgang mit dem Widerstand geführt hat – einem diskursiven Phlegma, das man für problematisch halten kann. Denn dass Dissens und Kontroverse mitunter auch produktive, konstruktive, weiterführende Dynamiken auslösen können, zeigen einige Auseinandersetzungen der letzten Jahre: etwa der von Sönke Zankel medienwirksam angezettelte Streit um Hans Scholl und dessen behauptete Rauschgiftsucht.[6] Oder die Kontroverse um Claus von Stauffenberg und dessen elitäres, antidemokratisches Weltbild.[7] Oder zuletzt die von Johannes Hürter angeregte Diskussion um Henning von Tresckow und dessen Verstrickung in Verbrechen der Wehrmacht bzw. seine verzögerte Entscheidung für den Widerstand.[8]

Das führt uns zu einer dritten Problemstellung. Das diskursive Phlegma um den Widerstand ist auch problematisch, weil damit – so meine Beobachtung – eine Trivialisierung der Erinnerung an den Widerstand einhergeht. Die Außergewöhnlichkeit der Tat verblasst und die besondere Leistung der widerständigen Akteure verliert an Profil. Es besteht die Gefahr, dass die Erinnerung an den Widerstand verschwimmt, diffus wird, als Selbstverständlichkeit deklariert wird. Nicht mehr das Exzeptionelle des Widerstands wird wahrgenommen, sondern der Standort des Widerstands im kollektiven Geschichtswissen wird normalisiert. Um für die Zukunft sicherzustellen, dass der Widerstand gegen den Nationalsozialismus an

6 Sönke Zankel: Mit Flugblättern gegen Hitler. Der Widerstandskreis um Hans Scholl und Alexander Schmorell. Köln: Böhlau 2008.

7 »Stauffenberg wollte keine parlamentarische Demokratie«. Interview mit Magnus Brechtken, in: Süddeutsche Zeitung vom 21. Juli 2012.

8 Johannes Hürter: Auf dem Weg zur Militäropposition. Tresckow, Gersdorff, der Vernichtungskrieg und der Judenmord. Neue Dokumente über das Verhältnis der Heeresgruppe Mitte zur Einsatzgruppe B im Jahr 1941, in: Vierteljahrshefte für Zeitgeschichte 52 (2004), S. 527–562.

hervorgehobener Stelle wahrgenommen wird, dass das Bekenntnis der Akteure des Widerstands gegen Verfolgung, Mord und Barbarei auch künftig gehört und in seiner Bedeutung angemessen eingeordnet wird, bedarf es einer Revitalisierung unseres Umgangs mit den widerständigen Akteuren und einer Erneuerung unserer erinnerungskulturellen Annäherung an den Widerstand.

Das Werden der Erinnerung

»Das Bild des Widerstands in der Geschichte ist in Bewegung«, so Tilman Mayer im Jahr 2004 anlässlich des 60. Jahrestages des 20. Juli.[9] Was ist über diesen Befund des »Werdens der Erinnerung« zu sagen, welche Wegmarken, welche Entwicklungsphasen, welche Dynamiken sind zu konstatieren? Als chronologische Hilfskonstruktion sind womöglich einige paradigmatische Vokabeln hilfreich, mit denen die Chronologie des Widerstandsgedenkens während der letzten sieben Jahrzehnte einigermaßen knapp und trotzdem schlüssig umschrieben werden kann.

Das Kriegsende im Frühjahr 1945 ist zugleich der Beginn einer Phase der *Tabuisierung* – gemeint ist die anfängliche, vor allem in den ausgehenden 1940er und frühen 1950er Jahren verbreitete Weigerung, den Widerstand überhaupt zur Kenntnis zu nehmen und den Akteuren des Widerstands einen Platz im kollektiven Bewusstsein und im Geschichtsgedächtnis zu bewilligen. Die Akteure des militärischen Widerstands wurden zunächst nicht geehrt, sondern als »Verräter« beschimpft, ihre Tat wurde als »Staatsstreich« diskreditiert. Diese *Tabuisierung* der frühen 1950er Jahre wurde freilich aufgeweicht durch einen Gegenentwurf, der etwa zeitgleich ins Leben trat. Es handelt sich um die überraschende Metamorphose der »Vaterlandsverräter« zu Repräsentanten eines »anderen Deutschland«. Den Gräueln von Auschwitz wird nunmehr die Integrität dieses »anderen Deutschland« entgegengestellt. Fast zwangsläufig folgt aus dieser Konstellation die *Heroisierung des Widerstands* – mit anderen Worten: die Überhöhung der Akteure, denen eine übermenschliche Kraft zugeschrieben wird, die erst den heldenhaften Akt des Widerstands möglich gemacht hat. Die *Heroisierung* wie-

9 Tilman Mayer: Die geschichtspolitische Verortung des 20. Juli, in: Aus Politik und Zeitgeschichte B 27/2004, Juni 2004, S. 11.

derum liefert die Vorbedingung für einen weiteren Aggregatzustand des Widerstandsgedenkens, den wir vor allem in den 1960er und 1970er Jahren beobachten können: aus der Heroisierung entwickelt sich die *Distanzierung*. Damit ist gemeint: Widerstand zu leisten ist eine Qualität, die nur wenigen gegeben ist. Mit der unerreichbaren Heldenpose wird die Gleichgültigkeit der Vielen gerechtfertigt. Die *Distanzierung* entlastet die Wegschauenden, die Indifferenten, die Mutlosen, die Opportunisten – sprich: die breite Masse der deutschen Bevölkerung. Eine weitere Stufe, eine neue Qualität des Widerstandsgedenkens wird schließlich mit der *Institutionalisierung und Musealisierung* des Widerstands erreicht. Mit der Aufnahme in den Kanon des Geschichtswissens und dem unverrückbaren Bekenntnis des Staates zu den Akteuren des Widerstands wird der Umgang mit dem Widerstand an die Institutionen der Erinnerungskultur delegiert und der Deutungsmacht von Ausstellungsgestaltern überantwortet. Der Widerstand wird mehr und mehr zum Gegenstand der musealen Präsentationen, aber auch verstärkt zum Thema künstlerischer Auseinandersetzung. Am Ende dieser Entwicklungskette stehen *Ritualisierung und Inszenierung*. Sobald der Widerstand dem Gründungsmythos der bundesdeutschen Demokratie einverleibt wird, wird er bereits in seinem Kern verändert und teilweise deformiert. Das Gedenken an den Widerstand entwickelt sich zum staatstragenden Ritual, das sich in stereotyper Regelhaftigkeit im erinnerungskulturellen Jahrkreis selbst perpetuiert – und gleichzeitig von seinem eigentlichen Gegenstand entfernt. Das Bekenntnis zum Widerstand wird zur gängigen Formel und die Erinnerung an den Widerstand zur wohlfeilen Inszenierung. Die diskursive Auseinandersetzung wird reduziert. Das Gedenken wird dem Kerngeschäft der Protokollabteilungen zugeschlagen, die einschlägigen Jahrestage werden als Pflichttermine in die Agenda staatlicher und gesellschaftlicher Repräsentanten eingetaktet.

Von den hier nur knapp skizzierten Aggregatzuständen des Widerstandsgedenkens wird im folgenden der Aspekt der *Institutionalisierung und Musealisierung* etwas eingehender betrachtet. Der Blick richtet sich dabei besonders auf jene Einrichtungen, die neben dem Gedenken auch Akzente auf die museale Vermittlung von Informationen zum Widerstand setzen, die sich also als Orte des Gedenkens *und* des Lernens verstehen. Wenn wir versuchen, diese Erinnerungsorte chronologisch und topographisch zu ordnen und zu markieren, dann stellen wir zunächst fest, dass der Widerstand erst seit den 1980er Jahren – und damit vergleichsweise spät – zum Gegenstand einer institutionalisierten Museums- und Bildungsarbeit wird. Darüber hinaus stoßen wir auf den Befund, dass es in Deutschland bis heute nur sehr wenige institutionalisierte Erinnerungsorte gibt, die explizit dem Widerstandsgedenken gewidmet sind. Die Bedeutung dieser Einrichtungen für die Kultur der Erinnerung und für die historische Bildung wird dadurch aber umso größer.

Der »Zentralort« sowohl des deutschen Widerstandsgedenkens wie auch der Information über den deutschen Widerstand – und zwar in seiner ganzen Breite – befindet sich in Berlin am authentischen Ort im seinerzeitigen Bendler-Block. Die Geschichte der *Gedenkstätte Deutscher Widerstand* lässt sich bis in die 1950er und 1960er Jahre zurückverfolgen.[10] Im Mittelpunkt stand anfänglich die Würdigung der Akteure des 20. Juli 1944. Aus dieser Zeit datiert eine lebensgroße Bronzeskulptur im Hof des Bendler-Blocks. Diese nackte Figur eines jungen Mannes mit gebundenen Händen war ursprünglich auf einem Sockel platziert. Sie wurde später im Zuge von Umbaumaßnahmen von dieser erhabenen Position »befreit« und auf Augenhöhe mit den Besuchern gebracht – eine durchaus symbolisch zu verstehende Maßnahme, mit der man der Problematik der Heroisierung gerecht werden und der heldischen Distanzierung der Widerständler entgegenwirken wollte. 1968 wurde der Ort durch eine informierende Ausstellung zur Bildungsstätte erweitert, allerdings nach wie vor mit Fokus auf den militärischen Widerstand. Erst zu Beginn der 1980er Jahre verbreiterte sich das Blickfeld auf das gesamte Spektrum des deutschen Widerstands – ein Prozess, der in den Folgejahren nicht ohne Konflikte und Verwerfungen bewältigt werden konnte. Insbesondere die Würdigung des kommunistischen Widerstands provozierte Gegenrede und Kritik.[11] Die von Peter Steinbach kuratierte neue Ausstellung wurde symbolträchtig am 20. Juli 1989 eröffnet und in der Folgezeit stetig erweitert.

In der Geschichte der Gedenkstätte im Bendler-Block bilden sich die unterschiedlichen, sich wandelnden Qualitäten des Widerstandsgedenkens, die sich verändernde Haltung des offiziellen Deutschland zum Widerstand im Allgemeinen und zum militärischen Widerstand im Besonderen ab – vom »Landesverräter« zum »Repräsentanten eines anderen, eines besseren Deutschland«, vom geläuterten

10 www.gdw-berlin.de [zuletzt abgerufen am 19.09.2014].
11 Jetzt Streit um die Ausstellung, in: Berliner Zeitung vom 03.06.1994.

NS-Anhänger zum Helden. Auch die Erweiterung des Blicks auf die gesamte Breite des Widerstands ist signifikant für die Veränderungen der deutschen Erinnerungskultur. In den 1990er Jahren setzte sich die Einsicht durch, dass alle Formen von widerständigem Handeln Respekt und Wertschätzung verdienen und somit einen prominenten Platz in der deutschen Erinnerungskultur haben müssen. Das gilt für den Widerstand aus der Arbeiterbewegung, aber auch für den Widerstand marginalisierter Gruppen wie der Ernsten Bibelforscher, der ebenfalls erst spät ins Blickfeld rückte. Oder die Formen von Resistenz, Opposition und Protest im Alltag, die sogenannten »Kleinformen des Widerstands«, die solidarische Hilfe für Verfolgte, die subversive Atomisierung des totalitären Systems von Innen heraus.[12]

Es dauerte jedoch Jahre bis in Deutschland ein weiterer Erinnerungsort zum Widerstand entstand. Erst im Juni 1997 konnte in München eine *Denkstätte* für die Weiße Rose eröffnet werden. Auch hier wurde das Widerstandsgedenken mit einem authentischen Ort verbunden. Die *Denkstätte* befindet sich innerhalb des Hauptgebäudes der Ludwig-Maximilians-Universität, jenem Ort, der den Geschwistern Scholl und letztlich auch anderen Angehörigen der studentischen Widerstandsgruppe zum Verhängnis wurde. Die Einrichtung geht zurück auf eine Initiative der 1987 ins Leben gerufenen *Weiße Rose Stiftung*, die sich zum Ziel gesetzt hat, den Widerstand der Weißen Rose im In- und Ausland bekannt zu machen und das Vermächtnis der Studenten weiter zu tragen. Aus einer Wanderausstellung entstand das Projekt einer Dauerausstellung im Hauptgebäude der Universität. Der ungewöhnliche Name »Denkstätte« unterstreicht den Anspruch und Wunsch der Einrichtung, über das reine Gedenken hinaus die Besucher auch zum Nachdenken über die eigene Verantwortung und die Herausforderungen der Gegenwart anzuregen.[13]

In der geradezu klassisch gestalteten Ausstellung, die die Handschrift des legendären Gestalters Otl Aicher trägt, richtet sich der Blick vornehmlich auf die Lebensgeschichten der Akteure, wird ihr biographischer Hintergrund ausgeleuchtet, wird nach ihren Motiven und nach ihren Handlungsoptionen gefragt. Fotos, Texte, Fak-

12 Peter Steinbach: Widerstand im Widerstreit. Der Widerstand gegen den Nationalsozialismus in der Erinnerung der Deutschen, Paderborn: Schönigh ^{2}2001.

13 www.weisse-rose-stiftung.de [zuletzt abgerufen am 19.09.2014].

similes von Dokumenten, einzelne Objekte und Medienstationen bilden den Rahmen der Präsentation. Auf eine Kontextualisierung des Widerstands der Weißen Rose wird jedoch weitgehend verzichtet, der Fokus liegt auf dem studentischen Widerstand und seinem engeren Umfeld. Ergänzt wird die Dauerausstellung durch regelmäßige Wechselausstellungen zu einzelnen Akteuren der Weißen Rose. Dazu kommt ein breit angelegtes pädagogisches Angebot, das sich vor allem an junge Menschen, an Jugendgruppen, Schulklassen und studentische Besucher richtet.

Im Zentrum einer im Februar 1998 im schwäbischen Königsbronn eröffneten kleinen Ausstellung steht der schwäbische Schreiner Georg Elser, der 1939 ein vergebliches Attentat auf Hitler unternommen hatte und dem als einem der wenigen Einzelkämpfer eine zentrale Rolle im Widerstand zukommt.[14] An der Person Elser zeigt sich freilich auch die Problematik, einen breiten Konsens des Gedenkens herzustellen. Das Attentat im Bürgerbräukeller am 8. November 1939 hatte acht Menschenleben gefordert – ein Umstand, der bis heute die Legitimität von Elsers außergewöhnlicher Tat berührt und gerade in München das Gedenken an Elser über Jahrzehnte verstellt hat.[15] Erst spät, im Jahr 1989, und gegen heftige Widerstände konnte in der bayerischen Hauptstadt eine unscheinbare Bodenplatte angebracht werden. Und beharrliches bürgerschaftliches Engagement war erforderlich, damit es im Jahr 1997 zur Benennung eines Georg-Elser-Platzes in der Landeshauptstadt kommen konnte. Die kleine *Georg Elser Gedenkstätte* in Königsbronn entstand auf Initiative eines rührigen Arbeitskreises, der sich bereits in den 1980er Jahren konstituiert hatte. In drei Räumen kann sich der Besucher einen Eindruck vom Leben und von der Tat Elsers verschaffen. Die Hintergründe und Motive von Elsers Aktion werden erläutert. Im dritten Raum vermittelt eine verhaltene Inszenierung mit einem Gefängnisgitter einen Eindruck von Elsers Inhaftierung, Dokumente zeigen die Rezeption von Elsers Tat noch zu dessen Lebzeiten, aber auch nach seinem Tod. Besucht wird die Gedenkstätte vor allem von Schulklassen aus der Region; touristische Besucher sind eher selten. In Zusammenarbeit mit der Landeszentrale für politische Bildung

14 www.georg-elser-arbeitskreis.de/gegedenk.php [zuletzt abgerufen am 19.09.2014].

15 Uwe Backes, Eckhard Jesse (Hrsg.): Jahrbuch Extremismus und Demokratie, Baden-Baden 2000, S. 95–178.

Baden-Württemberg organisiert der Elser-Arbeitskreis regelmäßig Fachtagungen zu unterschiedlichen Aspekten des Widerstandes.

Wer die im April 2000 eröffnete *Denkstätte der Weißen Rose* in Ulm besucht, wird überrascht. Nicht nur im Erscheinungsbild, in der gestalterischen Ästhetik, sondern auch im konzeptionellen Ansatz werden hier neue Wege beschritten.[16] Schon das Farbkonzept zeigt den Willen der Ausstellungsmacher zur Irritation. Traditionelle Sehgewohnheiten werden gebrochen; durch subtile Verfremdungseffekte werden den Bildikonen des Widerstands neue Aussagen abgewonnen. Der Schwerpunkt der Präsentation mit dem Titel »wir wollten das andere« liegt auf den Ulmer Mitgliedern der Weißen Rose. Es werden aber auch andere Jugendliche gewürdigt, die zwar nicht zum engeren Kreis der Weißen Rose oder zu deren Umfeld gehörten, die sich jedoch ebenfalls dem NS-Staat entgegenstellten, die dem Regime die Demutsgeste verweigerten. Auf schwarz-weißen Großfotos, gewissermaßen als Kulisse und Hintergrundrauschen wird eine Gruppe von HJ-Angehörigen gezeigt; es sind die Angepassten und Loyalen, die Mitmacher. Gebrochen wird die Eindimensionalität dieser Gruppe durch die in den Vordergrund rückenden, farblich stark akzentuierten Akteure des Widerstands. Sie heben sich ab vom amorphen Gestus der Masse. Die Akzentuierung der Verweigerer vor der Folie der Angepassten macht die Ausstellung zu einem Plädoyer für Zivilcourage. Die Einzelbiographien untermauern die Kernthese der Ausstellung, dass im NS-Staat neben Opportunismus und Mitläufertum auch andere Handlungsoptionen möglich waren.

Im Dezember 2006 wurde in der Berliner Rosenthaler Straße das *Museum Blindenwerkstatt Otto Weidt* eröffnet. In den heutigen Museumsräumen beschäftigte der Kleinfabrikant Otto Weidt einst hauptsächlich blinde und gehörlose Juden bei der Fertigung von Besen und Bürsten. Im Mittelpunkt der Ausstellung stehen die Bemühungen Otto Weidts, diese jüdischen Arbeiterinnen und Arbeiter vor Verfolgung und Deportation zu schützen. Trotz hoher persönlicher Risiken unterstützte Weidt die bedrohten Menschen bei der Suche nach Fluchtmöglichkeiten und Verstecken.[17] Der Nichtjude Weidt gehört zur Gruppe derjenigen Protagonisten, die der bislang

16 www.vh-ulm.de/cms/index.php?id=37 [zuletzt abgerufen am 21.09.2014].
17 Inge Deutschkron: Ich trug den gelben Stern. München: dtv 2010. Erste Auflage 1978.

eher vernachlässigten Kategorie der »Heimlichen Helfer« zuzurechnen sind. Sein lebensrettendes Engagement wurde erstmals 1999 durch eine temporäre studentische Ausstellung in den Räumen der ehemaligen Bürstenwerkstatt gewürdigt. Daraus entwickelte sich das Projekt einer Dauerausstellung. Dank des Flankenschutzes der Politik entwickelte sich aus der Initiative »Blindenwerkstatt« ein langfristiges Projekt, von dem auch Impulse zur Errichtung der *Gedenkstätte »Stille Helden«* ausgingen.

Diese Einrichtung wurde im Oktober 2008 eröffnet.[18] Beide, das *Museum Blindenwerkstatt Otto Weidt* und die *Gedenkstätte »Stille Helden«* spiegeln das öffentliche Interesse an einer lange vergessenen Kategorie des Widerstands: den Unangepassten und Solidarischen, die den Ausgegrenzten, den Diskriminierten und Verfolgten trotz erheblicher persönlicher Risiken zu Seite standen; denen, die unauffällig und schnell Hilfe leisteten, wo dies erforderlich war, die – meist ohne nach Gegenleistungen zu fragen – sich selbst in Gefahr brachten, um andere zu schützen und zu retten.[19] Die Ausstellung untersucht die Motive und Beweggründe für diese Hilfeleistungen, betrachtet die Risiken, denen sich die heimlichen Helfer aussetzten, und konfrontiert die Besucher mit der zentralen, aber auch quälenden Frage, warum nicht mehr Menschen den Mut und die Kraft zur tätigen Solidarität gefunden haben. Denn die hier gezeigten Beispiele zeigen, dass die heimliche Hilfe möglich war, dass es aber einer gewissen Entschlossenheit bedurfte, die vorhandenen Handlungsspielräume zu erkennen und zu nutzen.

Die Zukunft der Erinnerung

Die hier vorgestellten sechs Einrichtungen repräsentieren unterschiedliche Zeitphasen des Widerstandsgedenkens und insofern auch unterschiedliche Konzepte und Zugänge zur Darstellung und Einordnung des Widerstands. Sie spiegeln den Wandel des öffentlichen Interesses und die sich verändernde politische und gesellschaftliche Verortung des Widerstands. Ein auffälliger Befund dieses Wan-

18 www.gedenkstaette-stille-helden.de [zuletzt abgerufen am 21.09.2014].

19 Beate Kosmala, Claudia Schoppmann (Hrsg.): Sie blieben unsichtbar. Zeugnisse aus den Jahren 1941 bis 1945, Berlin: Förderverein Blindes Vertrauen 2006.

dels ist: Das bis in die 1980er und 1990er Jahre dominierende Konzept der Distanzierung des Widerstands von der Alltagserfahrung der Menschen wird um die Jahrtausendwende nachhaltig gebrochen und zunehmend obsolet. Die Behauptung einer Exklusivität von widerständigem Verhalten, die Zuordnung von Widerstand zu einer kleinen Elite, zu einer verschworenen Gruppe, findet schon in der Ulmer Denkstätte nicht mehr statt. Widerständiges Verhalten, so der Subtext in Ulm und später auch in den Berliner Einrichtungen über die »heimlichen Helfer«, bedarf keiner übermenschlichen Qualitäten. Mit anderen Worten: Jede und jeder kann im Rahmen ihrer bzw. seiner Möglichkeiten einen Beitrag zur Bewahrung von Menschlichkeit leisten. Zivilcourage ist nicht nur notwendig, um den Zusammenhalt eines Gemeinwesens zu gewährleisten; Zivilcourage ist auch möglich, sie kann selbst unter schwierigen Bedingungen geleistet werden. In Ulm und Berlin wird der Widerstand als ethisches Postulat, aber auch als konkrete Möglichkeit, als real existierende Option in den Alltag der Menschen transferiert.

Erinnerungskultur basiert auf den Erfahrungen der Vergangenheit, bezieht sich aber auf die Gegenwart und formuliert Aufträge für die Zukunft. Demokratiebewusstsein, Menschenrechte, Toleranz und Zivilcourage sind die Eckpunkte dieses Pflichtenhefts, das sich aus dem historischen Wissen um die Fragilität von politischen Ordnungskonzepten speist. Der Nationalsozialismus hat bewiesen, wie erfolgreich, wie widerspruchlos und wie geschmeidig eine mörderische Ausgrenzungsgesellschaft etabliert werden kann. In Anbetracht dieser Erfahrung ist es daher ein zentraler Auftrag von Erinnerungskultur, die Statik des demokratischen Gebäudes im Blick zu behalten, diese abzusichern und nach allen Seiten stabil zu halten. Die Auseinandersetzung mit dem Widerstand kann dabei einen entscheidenden Beitrag zur Festigung zivilgesellschaftlicher Qualitäten und zur dauerhaften Absicherung unserer freiheitlich-demokratischen Ordnung leisten.

Die Frage, die in diesem Zusammenhang gestellt werden muss, lautet: hat die gängige museale und institutionelle Präsentation des Widerstands noch ausreichende Reichweite und Überzeugungskraft, um nachfolgende Generationen mit ihren veränderten Informationsstrategien und Rezeptionstechniken anzusprechen? Was für die Generation der bis 1970 Geborenen der Brockhaus war, sind für die nachfolgenden Generationen die scheinbar allwissenden Suchmaschinen wie *Google* u. ä. Kommunikation und Erfahrungsaustausch vollziehen sich zum großen Teil in sozialen Netzwerken. Nicht nur der Transfer von Wissen, sondern auch die Beglaubigung von Werten, von Haltungen verlagert sich mehr und mehr in den virtuellen Raum des weltweiten Netzes. Muss nicht auch in der Erinnerungskultur, wenn wir sie vital halten wollen, der Sprung von der analogen in die digitale Welt vollzogen werden – mit allen schmerzhaften Defiziten und qualitativen Schmälerungen, die damit womöglich verbunden sind? Aber: müssen wir uns überhaupt Sorgen machen, dass eine Verflachung der Inhalte, eine Verkürzung der Botschaften der Preis ist, um Geschichtswissen attraktiv und Erinnerungskultur vital zu halten?

Wir sollten darüber nachdenken, wie wir den Umgang mit dem Nationalsozialismus und mit dem Widerstand gegen den Nationalsozialismus aus seinem sterilen musealen Ambiente in einen zeitgemäßen Rezeptions- und Reflexionsraum überführen können. Wenn historische Erfahrung wirksam werden soll, ist die Schaffung von Bedeutung unverzichtbar. Bedeutung kann aber nur entstehen, wenn sich ein Diskurs mit dem Bezugssystem der eigenen Lebenswelt berührt. Wir müssen Sorge tragen, dass eine reflexive Erinnerungskultur entsteht, die die Lebenswelt, das Erfahrungswissen und die Handlungsperspektiven der Menschen als Diskursressourcen einschließt. So ist z. B. vorstellbar, die aktuellen Problemfelder der Zuwanderungsgesellschaft mit erinnerungskulturellen Akzenten zu verknüpfen. Fremdsein, Ausgrenzungserfahrung, Verfolgungsdruck, Zukunftsängste, erzwungene transnationale Mobilität, Emigration und Integration sind Zustände und Bedingungen, die hochaktuell sind. Wir können sie tagtäglich im eigenen Umfeld beobachten und erleben. Über diese Zustände und Bedingungen kann Bedeutung hergestellt werden, können historische Erfahrungen womöglich konkretisiert werden. Und vielleicht erreicht man mit einer Öffnung des erinnerungskulturellen Spektrums ins Aktuelle auch den stetig wachsenden Teil der deutschen Bevölkerung mit dem berühmten Migrationshintergrund. Das große nationale Projekt »Integration« kann m. E. von einer Rückkopplung bzw. einem Transfer der unterschiedlichen historischen Erfahrungen in andere gesellschaftliche Bereiche nur profitieren. Dass die Erinnerung tatsächlich auch eine Zukunft bekommt, ist die Aufgabe von uns allen. Wenn wir die Diskussion über diese Zukunft nicht führen, wird die Erinnerungskultur verkümmern und in absehbarer Zeit nur mehr akademisches Interesse auslösen – bei Historikern, Volkskundlern, und Archäologen.

Peter Steinbach

»Wenn jeder wartet, bis der andere anfängt.«

»Es gab nicht nur den 20. Juli!« Dies war weniger eine Feststellung, sondern Ausdruck des Versuchs mancher Geschichtslehrer und Publizisten der sechziger Jahre, die Überbetonung des militärischen Widerstands zu modifizieren, ja, zu relativieren.

Die Widerstandsgruppe »Weiße Rose« stand kaum jemals in der Gefahr ihrer Relativierung oder gar Verdrängung. Dennoch war auch sie nicht davor gefeit, missverstanden oder verzeichnet zu werden. Bis heute ist es keineswegs selbstverständlich, an die weit über den Geschwisterkreis von Hans und Sophie Scholl hinausgreifende Zahl der Mitglieder zu erinnern. Dabei ist unbestreitbar, dass bereits im Münchener Kernkreis unterschiedliche Denkströmungen zusammenliefen, die deutlich machen, wie sehr sie sich bemühten, zunächst grundsätzliche Fragen zu klären, ein gemeinsames Selbstverständnis zu entwickeln und so eine gemeinsame Basis ihres Denkens zu schaffen, ehe gehandelt wurde. Das machen die Flugblätter sichtbar, die nicht gründlich genug gelesen werden können.

Die Januar- und Februartage des Jahres 1943 markieren eine Zäsur deutscher Geschichte. In diesen Tagen kapitulierte die 6. Armee der deutschen Wehrmacht in Stalingrad. Dies leitete endgültig die Wende des Zweiten Weltkrieges ein. Aber auch einige Münchener Studenten machten den 18. Februar 1943 zum exemplarischen Tag der Geschichte unseres Jahrhunderts der Diktaturen.

Dies war kein Zufall. Viele Monate zuvor hatten sie sich gefunden und miteinander diskutiert. Sie hatten dabei Gemeinsamkeiten entdeckt und weiter entwickelt. Hans und Sophie Scholl entstammten einem liberal gesinnten Elternhaus und hatten die Verhaftung eines engen Angehörigen, des Vaters, erlebt. Sie waren wie andere Angehöriger ihrer Generation mit der Jugendbewegung zusammengekommen und hatten sich sogar, wie Hans Scholl, der

Hitlerjugend angeschlossen, nicht gezwungenermaßen, sondern in der selbstsicheren Überzeugung, Einfluss auszuüben. Sie hatten so zugleich erfahren, was es bedeutete, Ziele der Nationalsozialisten partiell zu teilen – und sie hatten diese anfängliche Nähe überwunden, schmerzhaft, schockartig wie Hans Scholl, mitfühlend wie seine Schwester Sophie.

Wer durch die Verhaftung eines geliebten Menschen mit den herrschenden Machthabern zusammenstößt, spürt, was Auslieferung bedeutet, der weiß, worum es in Zukunft bei einer grundsätzlichen Auseinandersetzung mit Ideologie, Politik und Zukunftsvisionen gehen muss.

Zu studieren bedeutet stets, Freiheitserfahrungen zu machen. Dies galt auch für die Geschwister Scholl und ihre Freunde. Zwar war ihr Studium reglementiert, vor allem für die männlichen Studierenden, die sogenannten Studentenkompanien angehörten, in denen Wehrmachtssoldaten dienten, die für die Vorlesungen freigestellt waren. Mehrmals wurden sie in den Semesterferien an die Front geschickt, um nach Monaten wieder an ihren Studienort zurückzukehren.

Mit dem Studium erschlossen sich neue nichtmilitärische Welten, eröffneten sich neue Horizonte. Berühmt waren unter Münchener Studenten die Vorlesungen eines jungen Professors, Kurt Huber, eine Personifizierung der Interdisziplinarität – Musikwissenschaftler, Volkskundler, Psychologe, Philosoph, Leibnizkenner. Als außerplanmäßiger Professor hatte er keine feste Anstellung, sondern lebte von Hörergeldern – von jedem seiner vielen hundert Studenten, die aus den Nachbardisziplinen, etwa aus der medizinischen Fakultät, etwa aus den Instituten für Chemie und Pharmazie, kamen. Seine Vorlesungen wurden weiter empfohlen, nicht, weil sie gefällig waren, sondern weil in ihnen vorgeführt wurde, woran es damals einer Universitätsbildung mangelte, die zunehmend Bestandteil einer abrichtenden Erziehung zur Nützlichkeit geworden war. In den Philosophievorlesungen von Kurt Huber wurde gedacht, wurde das Denken vorgeführt und zugleich der Sinn für die eigenständige Urteilsbildung geschärft.

In manchen der Mitschriften und Aufzeichnungen seiner Vorlesungen wird deutlich, dass auch Huber immer wieder zunächst Gegenwart aus den Horizonten seiner Zeit heraus gedeutet hatte – wer täte das nicht? Er war Volkskundler, konservativ, geprägt durch die Empfindungen des Bürgertums. Und zugleich wurde spürbar, dass er sich die eigene Tradition nicht nur erschlossen hatte, sondern diese verkörperte. Konservativ zu sein bedeutete nicht, den Nationalsozialisten auf den Leim zu gehen, sondern nicht selten: die Verlogenheit ihrer Rhetorik zu durchschauen und so Positionen zu überwinden, die man zunächst mit ihnen geteilt hatte.

Zum Kreis um Sophie und Hans Scholl gehörten Alexander Schmorell, Christoph Probst und Willi Graf. Sie verkörperten in der Gruppe andere Erfahrungen und Traditionen. Graf hatte sich als Jugendlicher in einer katholischen Jungengruppe des »Bund Neudeutschland«[1] engagiert und war später zum »Grauen Orden« gestoßen, einem Zirkel, in dem der Wunsch, die Lethargie der Zeitgenossen zu überwinden und Prinzipien einer vertrauensfähigen Gemeinschaft zu leben, bestimmend war. Christoph Probst hingegen orientierte sich ganz an den Prinzipien des Christentums. Kurz vor seiner Hinrichtung empfing er die katholische Taufe. Probst stand bereits auf eine ganz andere Weise als seine Kommilitonen im Leben, denn er war seit 1940 verheiratet und hatte drei Kinder.

Alexander Schmorell wiederum war in einer deutsch-russischen Familie aufgewachsen und konnte deshalb in den Russen keine Untermenschen, in ihrer Kultur keinen Ausdruck des Kulturbolschewismus und der Minderwertigkeit sehen. Durch Sophie kam noch eine andere Perspektive in die Gruppe, denn sie durfte in der Bibliothek des Herausgebers des »Hochland«, eine der anregendsten Kulturzeitschriften dieser Zeit, arbeiten. Carl Muth war die Brücke zu vielen Deutungen klassischer politischer Philosophie und Theologie, welche die Wirklichkeit nicht brachen, sondern verständlich machten.

Die Gruppe hatte sich bereits im Sommer 1942 zusammengefunden, Texte diskutiert, Lesererfahrungen ausgetauscht. Die Lektüre schlug sich schließlich in mehreren Flugblättern nieder, die unter Ausnutzung bestehender Verbindungen zu anderen Studenten, etwa in Hamburg oder zu Mitschülern wie in Ulm und Stuttgart, verteilt wurden. Einige dieser Flugblätter wurden von ängstlichen Empfängern bei der Gestapo abgegeben. Dort schien man mehr als irritiert, denn bis dahin kannte man parteipolitische Flugschriften, nicht aber Provokationen dieses Inhalts. Die Gestapo gab sogar ein Sprach-

1 Näheres zum »Bund Neudeutschland«: Rolf Eilers (Hrsg.), Löscht den Geist nicht aus. Der Bund Neudeutschland im Dritten Reich. Mainz: Matthias Grünewald 1985.

gutachten in Auftrag. Im Ergebnis stellte der Gutachter fest, dass es sich um bemerkenswerte, intelligente Texte handelt[2]. Heute drängt sich der Eindruck auf, die Flugblätter der »Weißen Rose« gehören zum Besten, was in der Staatsphilosophie ihrer Zeit erarbeitet und hinterlassen wurde.

Die Geschichte dieser Gruppe ist aber nicht nur bemerkenswert, weil sich Gleichgesinnte fanden, wie sehr sie sich vertrauten, einander anstachelten und zu immer größerer Klarheit und Entschiedenheit fanden. Ganz ähnliches gilt für andere Gruppen, den »Roten Stoßtrupp«, »Neubeginnen«, die kommunistischen Gruppen um Wilhelm Knöchel, die Gruppe um Herbert Baum, den »Kreisauer Kreis« oder die sich aus vielen Kreisen zusammenfindende Gruppe der »Roten Kapelle« um Arvid Harnack und Harro Schulze-Boysen. Jede Gruppe musste versuchen, sich durch Kommunikation Klarheit zu schaffen, ein distanziertes Verhältnis zur Welt des Schreckens und der Zerstörung zu finden und zugleich dem verhassten Gegner den Anspruch auf den weltanschaulichen Führungsanspruch streitig zu machen.

Bemerkenswert an dieser Studentengruppe ist vor allem der Anspruch, aus den Traditionen des Abendlandes, der Antike, des Christentums und des Judentums, der Aufklärung und der Staatsphilosophie ein Gegenbild zum totalitären Staat zu entwerfen und zugleich die aufrüttelnde Wirklichkeit in den Blick zu nehmen: So liest man im 2. Flugblatt:

»Nicht über die Judenfrage wollen wir in diesem Blatte schreiben, keine Verteidigungsrede verfassen – nein, nur als Beispiel wollen wir die Tatsache kurz anführen, die Tatsache, dass seit der Eroberung Polens dreihunderttausend Juden in diesem Land auf bestialische Art ermordet worden sind. Hier sehen wir das fürchterlichste Verbrechen an der Würde des Menschen, ein Verbrechen, dem sich kein ähnliches in der ganzen Menschengeschichte an die Seite stellen kann. Auch die Juden sind doch Menschen – man mag sich zur Judenfrage stellen wie man will – und an Menschen wurde solches verübt. Vielleicht sagt jemand, die Juden hätten ein solches Schicksal verdient; diese Behauptung wäre eine ungeheuere Anmaßung; aber angenommen, es sage jemand dies, wie stellt er sich dann

2 Vgl. Ulrich Chaussy / Gerd. R. Ueberschär, »Es lebe die Freiheit!«. Die Geschichte der Weißen Rose und ihrer Mitglieder in Dokumenten und Berichten. Frankfurt: S. Fischer 2013, S. 47f.

zu der Tatsache, dass die gesamte polnische adelige Jugend vernichtet worden ist. (Gebe Gott, dass sie es noch nicht ist!)?«[3]

Wer so spricht, will aufrütteln, will alles riskieren, um das Blatt zu wenden. Der Text macht deutlich, dass nicht alles geglaubt wird, dass Stalingrad kein Symbol des Siegeswillens ist, sondern zum neuen Synonym für ein massenhaftes Sterben wird.

»Wer hat die Toten gezählt, Hitler oder Goebbels – wohl keiner von beiden. Täglich fallen in Rußland Tausende. Es ist die Zeit der Ernte, und der Schnitter fährt mit vollem Zug in die reife Saat. Die Trauer kehrt ein in die Hütten der Heimat, und niemand ist da, der die Tränen der Mutter trocknet. Hitler aber belügt die, deren teuerstes Gut er geraubt und in den sinnlosen Tod getrieben hat.« (Flugblatt IV)

Hier wird das Gegenbild zum kollektiven Wahn sichtbar, den Goebbels am Abend des 18. Februar 1943 entfachen will. Die Studenten, die am Morgen dieses Tages vom Treppenhaus des Vorlesungsgebäudes aus Flugblätter in den Lichthof flattern lassen, verkünden, der »Tag der Abrechnung« sei angebrochen. Sie fragen:

»Wollen wir weiter einem Dilettanten das Schicksal unserer Armeen anvertrauen? Wollen wir den niedrigsten Machtinstinkten einer Parteiclique den Rest der deutschen Jugend opfern?« (Flugblatt VI)

Sie rufen gegen die »verabscheuungswürdigste Tyrannis« aus und fordern »vom Staat Hitlers« die »persönliche Freiheit, das kostbarste Gut der Deutschen zurück«. Sie lassen keinen Zweifel daran, daß sie sich in der »erbärmlichsten Weise« betrogen fühlen. Das Deutsche Reich? »Ein Staat rücksichtslosester Knebelung jeder freien Meinungsäußerung«:

»HJ, SA, SS haben uns in den fruchtbarsten Bildungsjahren unseres Lebens zu uniformieren, zu revolutionieren, zu narkotisieren versucht. ›Weltanschauliche Schulung‹ hieß die verächtliche Methode, das auf-

3 Die Flugblätter der Weißen Rose werden zitiert nach: Bundeszentrale für politische Bildung, »Wir sind Euer böses Gewissen«. Die Flugblätter der Weißen Rose. www.bpb.de/geschichte/nationalsozialismus/weisse-rose/61008/die-flugblaetter-im-wortlaut.

keimende Selbstdenken und Selbstwerten in einem Nebel leerer Phrasen zu ersticken. Eine Führerauslese, wie sie teuflischer und bornierter zugleich nicht gedacht werden kann, zieht ihre künftigen Parteibonzen auf Ordensburgen zu gottlosen, schamlosen und gewissenlosen Ausbeutern und Mordbuben heran, zur blinden, stupiden Führergefolgschaft.« (Flugblatt VI)

Die Studierenden, die im Lichthof der Universität Flugblätter verteilten, wussten offensichtlich, was sie taten. Sie waren ebenso ruhig wie gefasst, also keineswegs hektisch. Sie liefen nicht weg, sie lieferten sich mit dem Hausmeister keine Prügelei. Alles setzten sie auf eine Karte: auf Wort und Wahrheit, auf Einsicht. Sie ließen sich verhaften, denn sie wollten nicht systemkonform abgerichtet werden, nicht, wie sie schrieben, der »neuen Herrenschicht den Knüppel machen«. Es ging gegen die Partei, das war ihre Parole, deshalb forderten sie zum Austritt aus den Parteigliederungen und zum Boykott der Hörsäle auf, deshalb wandten sie sich gegen die Politisierung der Wissenschaft.

»Es geht uns um wahre Wissenschaft und echte Geistesfreiheit! Kein Drohmittel kann uns schrecken, auch nicht die Schließung unserer Hochschulen. Es gilt den Kampf eines jedes einzelnen von uns um unsere Zukunft, unsere Freiheit und Ehre in einem seiner sittlichen Verantwortung bewußten Staatswesen.« (Flugblatt VI)

Die Nachricht dieser Tat verbreitete sich rasch unter den Kommilitonen, aber auch bei der Gestapo. Die Geheime Staatspolizei war schon in den Sommerwochen 1942 auf Flugblätter einer Gruppe gestoßen, die sich »Weiße Rose« nannte und offensichtlich gute Verbindungen in andere Städte hatte. Diese ersten Flugblätter unterschieden sich vom letzten, dem sechsten. Dieses war politisch, es liest sich wie ein letzter Aufschrei, es demaskiert das Böse, in dem jene verratenen Begriffe beschworen werden – man las:

»Freiheit und Ehre« hätten »Hitler und seine Genossen bis zum Ekel ausgequetscht, abgedroschen, verdreht«, »wie es nur Dilettanten vermögen, die die höchsten Werte einer Nation vor die Säue werfen.«

Die frühen Flugblätter beriefen sich auf die abendländische Geschichte und ihre Staatsdenker, zitierten die Denker einer guten politischen Ordnung, Aristoteles, Platon, Cicero, Thomas von Aquin, die sich am Ziel der Gerechtigkeit, der Menschenwürde, der Tradition des Naturrechte auch des Gottvertrauens und der Verantwortung orientierten. Am 18. Februar 1943 ging es um alles. Das Blutbad von Stalingrad müsse doch die Augen öffnen für die gesamte Katastrophe, die

»sie im Namen von Freiheit und Ehre der deutschen Nation in ganz Europa angerichtet haben und täglich neu anrichten. Der deutsche Name bleibt für immer geschändet, wenn nicht die deutsche Jugend endlich aufsteht, rächt und sühnt zugleich, seine Peiniger zerschmettert und ein neues geistiges Europa aufrichtet.« (Flugblatt VI)

Die Verhöre begannen unverzüglich. Sie sind zu einem großen Teil in den Akten erhalten geblieben, die sich nach dem Umbruch in der DDR fanden. Weshalb sie verborgen blieben, entzieht sich unserer Kenntnis. Vielleicht befürchtete die Führung der SED, dass manche der Schutzargumente, die einige der etwa zwanzig verhafteten Studenten und Schüler aus den Münchener, Hamburger, Ulmer und Stuttgarter Unterstützerkreisen vorbrachten, den Nimbus der Gruppe zerstören würden.

Dass sich ein Beschuldigter mit allen ihm möglichen Mitteln verteidigen will, kann nicht zur Schande gereichen, sondern verlangt, die Überlieferung der Ermittlungsakten als Zeichen der Entschlossenheit zu entschlüsseln. Nein, auf das Regime lassen sich die Angeklagten nicht ein, sondern verweisen nur auf Umstände, die jeden berühren müssen, der menschlich fühlt – auf die Familie, wie Christoph Probst, auf die eigene Herkunft, wie Alexander Schmorell, der als Wehrmachtssoldat in die Heimat seiner russischen Mutter einfiel. Und es gehört auch zu den Gesetzen der Verteidigung im Verhör, dass bereits Hingerichtete belastet werden können, denn ihnen ist nicht mehr zu schaden.

Was hingegen zählt, ist die Konsequenz, mit der sich die Befragten zu ihrer Ablehnung des Regimes bekennen. Keiner der Angeklagten distanziert sich von den Wahrheiten, die sie mit den Flugblättern verbreitet haben. Keiner nimmt die These zurück, dass es

»eines Kulturvolkes unwürdig ist, sich ohne Widerstand von einer verantwortungslosen und dunklen Trieben ergebenen Herrscherclique ›regieren‹ zu lassen.« (Flugblatt I)

Keiner der Verhafteten relativierte seine Scham, sondern betonte die moralische Rigidität seines Handelns.

Im ersten Flugblatt hatte die Gruppe gefragt:

»Ist es nicht so, daß sich jeder ehrliche Deutsche heute seiner Regierung schämt, und wer von uns ahnt das Ausmaß der Schmach, die über uns und unsere Kinder kommen wird, wenn einst der Schleier von unserem Auge gefallen ist und die grauenvollsten und jegliches Maß unendlich überschreitenden Verbrechen ans Tageslicht treten? Wenn das deutsche Volk schon so in seinem tiefsten Wesen korrumpiert und zerfallen ist, daß es ohne eine Hand zu regen, im leichtsinnigsten Vertrauen auf eine fragwürdige Gesetzmäßigkeit der Geschichte, das Höchste, das ein Mensch besitzt, und das ihn über jede andere Kreatur erhöht, nämlich den freien Willen, preisgibt, die Freiheit des Menschen preisgibt, selbst mit einzugreifen in das Rad der Geschichte und es seiner vernünftigen Entscheidung unterzuordnen, wenn die Deutschen so jeder Individualität bar, schon so sehr zur geistlosen und feigen Massen geworden sind, dann, ja dann verdienen sie den Untergang.«

Hier wird eine Revolution verkündet, die sich gegen die revolutionären Proklamationen der Diktatoren richtet. Revolutionen, das sind eigentlich – die »Glorreiche Revolution« von 1688 in England zeigt es – Rückwälzungen, Versuche, in letzter Minute zu den Grundlagen zurückzukehren, die Gemeinwesen und Menschen Halt geben. Revolutionen verändern die Welt, aber eigentlich orientieren sie sich an einer Substanz, die in der Vergangenheit entstanden ist. Revolutionen wenden sich erst viel später gegen die Gegenwart, deren Strukturen zerstört werden sollen.

Diktatoren des 20. Jahrhunderts, die sich für Revolutionäre hielten, war jedes Mittel recht, um ihr Ziel zu erreichen: die bestehende Gesellschaft mit allen Traditionen zu zerstören. Hier setzten die Flugblätter der »Weißen Rose« an und beschworen eine Moral, die sich gegen die Zerstörer richten sollte und die einen Maßstab bietet, an dem die Wirklichkeit vermessen werden kann. Dieser Maßstab gestattete, Abweichungen von einer menschenwürdigen, die Würde des Menschen ebenso sichernden wie fördernden Ordnung zu benennen.

Nur wer weiß, welches Potential der Staat in sich tragen muss, will er als gerecht anerkannt werden, ist in der Lage, die »Diktatur des Bösen« zu benennen. Staat ist ja niemals gleich Staat gewesen.

Staaten unterscheiden sich nach Zielen und Zwecken. So gilt im dritten Flugblatt unter dem Titel »Salus publica suprema lex« das Gemeinwohl als die höchste, die entscheidende Richtschnur:

»Es ist nicht zu vergessen, daß am Anfang einer jeden Kultur die Vorform des Staates vorhanden war. Die Familie ist so alt wie die Menschen selbst und aus diesem anfänglichen Zusammensein hat sich der vernunftbegabte Mensch einen Staat geschaffen, dessen Grund die Gerechtigkeit und dessen höchstes Gesetz das Wohl Aller sein soll. Der Staat soll eine Analogie der göttlichen Ordnung darstellen, und die höchste aller Utopien, die civitas Dei, ist das Vorbild, dem er sich letzten Endes nähern soll.« (Flugblatt III)

Wer überzeugt ist, daß »jeder einzelne Mensch einen Anspruch auf einen brauchbaren und gerechten Staat« hat, verfügt über Maßstäbe, um Regimes zu bewerten. Denn eine Regierung ist niemals Selbstzweck. Entscheidend ist das Ziel, dem sie sich verpflichtet: der Sicherung menschlicher Würde, der Gestaltung einer den Menschen und ihrer Bestimmung dienenden Ordnung.

»Nur eines will eindeutig und klar herausgehoben werden: jeder einzelne Mensch hat einen Anspruch auf einen brauchbaren und gerechten Staat, der die Freiheit des Einzelnen als auch das Wohl der Gesamtheit, sichert. Denn der Mensch soll nach Gottes Willen und unabhängig im Zusammenleben und Zusammenwirken der staatlichen Gemeinschaft sein natürliches Ziel, sein irdisches Glück in Selbstständigkeit und Selbsttätigkeit zu erreichen suchen.« (Flugblatt III)

Wer so denkt, durchschaut Diktatoren als Vertreter einer »Diktatur des Bösen«. Aber er handelt deshalb noch nicht. Sondern er wehrt zunächst das Unausweichliche ab, indem er sich mit der Floskel besänftigt, das wisse »man doch lange schon«.

Die Gegenfrage wird im dritten Flugblatt gestellt:

»[W]arum regt ihr euch nicht, warum duldet ihr, dass diese Gewalthaber Schritt für Schritt offen und im Verborgenen eine Domäne eures Rechtes nach der anderen rauben, bis eines Tages nichts, aber auch gar nichts übrigbleiben wird, als ein mechanisiertes Staatsgetriebe, kommandiert von Verbrechern und Säufern? Ist euer Geist schon so sehr der Vergewaltigung unterlegen, dass ihr vergesst, dass es nicht nur euer Recht, sondern dass es eure sittliche Pflicht ist, dieses System zu beseitigen? Wenn aber ein Mensch nicht mehr die Kraft aufbringt, sein Recht zu fordern, dann muss er mit absoluter Notwendigkeit untergehen.« (Flugblatt III)

Von Flugblatt zu Flugblatt steigerte sich die Verzweiflung angesichts der nicht zur Empörung fähigen Zeitgenossen. Hitlers Herrschaft war zum Ausdruck der »Macht des Bösen« geworden, das war den Mitgliedern der »Weißen Rose« klar. Sie wussten, dass der »Terrorstaat« bekämpfen werden musste. Und zugleich fühlten sie sich zunehmend einsamer. Erklären konnten sie die Passivität nur durch das Böse selbst. Hinter dem »sinnlich Wahrnehmbaren« machten sie die Dämonie aus.

»Überall und zu allen Zeiten haben die Dämonen im Dunkeln gelauert und die Stunde, da der Mensch schwach wird, da er seine ihm von Gott auf Freiheit gegründete Stellung im ordo eigenmächtig verlässt, da er dem Druck des Bösen nachgibt, sich von den Mächten höherer Ordnung loslöst und so, nachdem er den ersten Schritt freiwillig getan, zum zweiten und dritten immer mehr getrieben wird mit rasend steigender Geschwindigkeit – überall und zu allen Zeiten der höchsten Not sind Menschen aufgestanden, Propheten, Heilige, die ihre Freiheit gewahrt hatten, die auf den Einzigen Gott hinwiesen und mit seiner Hilfe das Volk zur Umkehr mahnten. Wohl ist der Mensch frei, aber er ist wehrlos wider das Böse ohne den wahren Gott.« (Flugblatt IV)

So wird deutlich, was im Jahrhundert der modernen Diktaturen die Kraft zum Widerspruch gab: die Orientierung an Menschen, die in den Jahrhunderten und Jahrtausenden der europäischen Geschichte den Mut zur Wahrheit hatten.

»Wenn jeder wartet, bis der andere anfängt« –

dies war der beschwörende-klagende Aufruf des ersten Flugblatts, der erste Appell an die Verantwortung aus dem Geist der christlichen und abendländischen Kultur und des absoluten, sich von allen Traditionen lösenden Staates.

Nun wurde der anfängliche Aufruf, »passiven Widerstand« zu leisten, radikalisiert. Die Sommerflugblätter des Jahres 1942 lesen sich wie Versuche einer Verständigung innerhalb der Gruppe, der verzweifelten Beschwörung einer gemeinsamen Grundlage für Urteil, Kritik und Verhalten.

Dass sich die »Kriegsmaschine« zur »Staatsmaschine« entwickeln würde und zugleich die Grundlagen der Zivilisation zerstörte, war den Mitgliedern des »Münchener Kreises« in Russland bewusst geworden, wo sie in den Semesterferien in einer Studentenkompanie Dienst taten. Diese Erfahrung hatte sie politisiert, auch radikalisiert, vor allem, in die Verzweiflung getrieben. Sie schlugen sich auf die Seite derjenigen, die sich weigerten, zu glauben, dass Traditionen und die Geschichte selbst in der Gegenwart zu überwinden seien. Im Gegenteil: sie bemühten sich um Traditionen, erarbeiteten sie, gaben sie weiter. Es ging ihnen dabei schon längst nicht mehr um Auflehnung, sondern um ein Zeichen.

Ihr Zeichen wurde verstanden. Diejenigen, die nach 1933 verfolgt und vertrieben worden waren, trugen die Nachricht vom Aufstand der Münchener Studenten in die Welt. Galten sie den Nationalsozialisten als Feinde des Neuen, so wussten sie, dass Lagersysteme keine Zukunft hatten. Herrschende wollten zwar auch weiterhin ihre Herrschaft auf Bajonetten errichten; aber immer wieder brachen die Diktaturen unseres Jahrhunderts zusammen.

Hans und Sophie Scholl bezweifelten zu keiner Zeit die Notwendigkeit und den Sinn ihrer Taten, sie so wenig wie die anderen Mitglieder der Gruppe. Kurt Huber, im Kreis gewiss der Konservative, führte in seiner Schlußansprache vor dem Volksgerichtshof den Richtern vor Augen, was ihn trieb. Er zitiert vermeintlich den Philosophen Johann Gottlieb Fichte, aber eigentlich ging es ihm um den kategorischen Imperativ:

»Und handeln sollst du so als hinge
von Dir und deinem Tun allein
das Schicksal ab der deutschen Dinge,
und die Verantwortung wäre Dein.«[4]

4 Schlussworte zitiert nach: Christian Petry, Studenten aufs Schafott. Die Weiße Rose und ihr Scheitern, München: Piper Paperback 1968, S. 194. Der Vers stammt jedoch nicht von Fichte, sondern von Albert Matthäi, der 1922 das patriotische Gedicht »Fichte an jeden Deutschen« verfasste. Gedruckt in der Wilhelm Gerstung Druckerei und Verlagsanstalt in Offenbach am Main als Neujahrsgabe 1922. Nachweis in der Deutschen Nationalbibliothek.

Nachlebende versuchten, den Widerstand zu beerben, ihn in das deutsche Selbstverständnis einzubinden. Von Ausrottungsaktionen, ihrer Vorbereitung und Koordinierung war dadurch nicht abzulenken. Dieser Widerstand macht die Last der deutschen Geschichte schwerer, denn er zeigt sehr deutlich, daß jungen Studenten Verantwortung empfanden und wahrnahmen, die mancher hohe Funktionsträger, mancher Gebildete ausschlug. In der Tat ging es sehr bald um Verantwortung und Schuld.

»Es scheint so und ist es bestimmt, wenn der Deutsche nicht endlich aus seiner Dumpfheit auffährt, wenn er nicht protestiert, wo immer er nur kann gegen diese Verbrecherklique, wenn er mit diesen Hunderttausenden Opfern nicht mitleide. Und nicht nur Mitleid muß er empfinden, noch viel mehr: Mitschuld. Denn er gibt durch sein apathisches Verhalten diesen dunklen Menschen erst die Möglichkeit, so zu handeln. Er leidet diese ›Regierung‹, die eine so unendliche Schuld auf sich geladen hat, ja er ist doch selbst schuld daran, dass sie überhaupt entstehen konnte. Ein jeder will sich von einer solchen Mitschuld freisprechen, ein jeder tut es und schläft dann wieder mit ruhigstem, bestem Gewissen. Aber er kann sich nicht freisprechen, ein jeder ist schuldig, schuldig, schuldig!« (Flugblatt II)

Die überlieferten Verhöre bekräftigen den Eindruck, den die Flugblätter der »Weißen Rose« hervorrufen. Man kann als Leser der Protokolle geradezu spüren, wie die Verhörbeamten angesichts der Entschiedenheit und Konsequenz, aber auch wegen der Bereitschaft der Verhafteten, Verantwortung für ihre Handlungen zu übernehmen, in die Defensive gerieten. Zuweilen scheint es, als seien sie von der – hier sei das Wort gestattet – Tapferkeit der Studenten so beeindruckt, dass sich geradezu die Rollen verkehren. So wird Sophie Scholl gefragt, ob sie denn in Kenntnis der schweren Verfehlung und der großen Gefahr, in der sie sich befinde, noch einmal sich an Flugblattaktionen beteiligen würde. Vielleicht wollte ihr der Vernehmungsbeamte eine Brücke bauen, indem er ihr die Gelegenheit eröffnete, sich von dem zu distanzieren, was sie getan hatte. Sie allerdings weist diese Frage ohne zu zögern ab. In diesem Augenblick mag ihr Gegenüber empfunden oder begriffen haben: diese Zwanzigjährige verachtet das System, dem ich mich zur Verfügung stelle, abgrundtief.

Nur selten wird das Spannungsverhältnis zwischen den nationalsozialistischen Zerstörern und ihren Gegnern so deutlich wie am 18. Februar 1943. Am Morgen wurden in der Münchener Universität zwei der Studenten verhaftet, die mit ihren Gesinnungsfreunden ein Zeichen gegen das Böse setzen wollen. Am Abend beschwor der deutsche Propagandaminister Joseph Goebbels im Berliner Sportpalast vor Hunderten den »totalen Krieg«. Am Morgen manifestierte sich in der Flugblattaktion im Münchener Lichthof der Universität ein Bekenntnis zur Freiheit, zur Verantwortung, zum Widerstand und auch zur Schuld – am Abend herrschte die völlige Verblendung, die Begeisterung am Untergang.

Dieser Spannungsbogen zwischen selbstmörderischer kollektiver Anpassung und selbstmörderischer individueller Aufopferung macht deutlich, worum es im 20. Jahrhundert – dem Jahrhundert der Diktatoren, der Parteigänger, aber auch der Regimegegner und Widerständigen – geht: Um die Selbstbehauptung des Menschen gegen die Zumutungen der Macht, um die Demonstration seiner Würde gegen die kollektive Bereitschaft zum Untergang gerade in der ganz persönlichen, individuellen Auflehnung – und sei der Preis für dieses Bekenntnis der Tod, dem niemand, kein Volksgerichtshof, kein geifernder Minister für »Volksaufklärung« und kein Massenpublikum und auch keine Diktatur – seine Würde nehmen kann.

Die Autorinnen und Autoren

Dr. Andreas Heusler, geb. 1960 in Calw, hat Geschichte und Politikwissenschaft in München und Tübingen studiert. 1996 promovierte er über »Ausländereinsatz. Zwangsarbeit für die Münchner Kriegswirtschaft 1939–1945«. Seit 1994 leitet er das Sachgebiet Zeitgeschichte/Jüdische Geschichte am Stadtarchiv München. Er ist Mitglied im Wissenschaftlichen Beirat des NS-Dokumentationszentrums München und Mitherausgeber der Reihe »München im Nationalsozialismus. Kommunalverwaltung und Stadtgesellschaft«.
Andreas Heusler ist Verfasser zahlreicher Aufsätze und Bücher, u. a.: »Das Braune Haus. Wie München zur ›Hauptstadt der Bewegung‹ wurde« (2008), »Kinder für den ›Führer‹. Der Lebensborn in München« (2013) und zuletzt die Biographie »Lion Feuchtwanger. Münchner – Emigrant – Weltbürger« (2014).

Wolfgang Huber, geb. 1942, Studium der Theologie in Heidelberg, Göttingen und Tübingen, Promotion 1966 und 1972 Habilitation. Nach Professuren in Marburg und Heidelberg von 1994 bis 2009 evangelischer Bischof in Berlin und von 2003 bis 2009 Ratsvorsitzender der Evangelischen Kirche in Deutschland. Honorarprofessor an der Humboldt-Universität zu Berlin sowie an den Universitäten Heidelberg und Stellenbosch (Südafrika). Mitglied zuerst im Nationalen Ethikrat von 2001 bis 2003 und von 2010 und 2014 im Deutschen Ethikrat. Zahlreiche Veröffentlichungen, insbesondere zu Fragen der Ethik und zur Entwicklung von Religion und Kirche. Sprecher des Herausgeberkreises der Dietrich Bonhoeffer Werke. Dechant des Domstifts Brandenburg/Havel sowie Kuratoriumsvorsitzender der Stiftung Garnisonkirche Potsdam.

Hildegard Kronawitter, geb. 1946, kam über den zweiten Bildungsweg zum Studium der Volks- und Betriebswirtschaftslehre mit Abschluss als Dipl. Volkswirtin. 1987 promovierte sie über Wirtschaftskonzeption und Wirtschaftspolitik der Sozialdemokratie in Bayern von 1945 bis 1949. Während der Oberbürgermeisterzeit ihres Mannes übernahm sie soziale und repräsentative Aufgaben, zugleich war sie als Dozentin in der Erwachsenenbildung tätig. Sie war von 1998 bis 2008 Abgeordnete im Bayerischen Landtag und dort wirtschaftspolitische Sprecherin der SPD-Landtagsfraktion und stellvertretende Vorsitzende im Ausschuss für Wirtschaft, Infrastruktur, Verkehr und Technologie. Bis heute übt sie zahlreiche Ehrenämter aus; sie ist u. a. Erste Vorsitzende der Weiße-Rose-Stiftung e.V. Hildegard Kronawitter veröffentlichte zwei Bücher sowie Aufsätze zu landesgeschichtlichen Themen bzw. Personen.

Hans Maier, geb. 1931 in Freiburg im Breisgau. Studien der Geschichte, Philosophie, Romanistik und Germanistik in Freiburg, München und Paris. Promotion 1957, Habilitation für politische Wissenschaft 1962, ab Dezember 1962 o. Professor für politische Wissenschaft an der Universität München. Von 1970 bis 1986 Bayerischer Staatsminister für Unterricht und Kultus, von 1978 bis 1987 Abgeordneter im Bayerischen Landtag, von 1976 bis 1988 Präsident des Zentralkomitees der deutschen Katholiken. Von 1988 bis 1999 o. Professor für christliche Weltanschauung, Religions- und Kulturtheorie an der Universität München (Guardini-Lehrstuhl). Zahlreiche Veröffentlichungen zum Verhältnis von Staat und Kirche, zur Verfassungs- und Verwaltungsgeschichte, zu Literatur und Musik. Im Nebenamt Kirchenmusiker.
Ehrungen u.a.: Dr. jur. h.c. (Tübingen 1982, Bayreuth 1988); Dr. phil. h.c. (Augsburg 1988, Würzburg 1988, Passau 1991, Kiew 1996, Bamberg 1996). Jacob-Burckhardt-Preis, Basel (1985), Romano-Guardini-Preis, München (1999), Karl-Jaspers-Preis, Heidelberg (2014).

Georg Ruppelt, geb. 1947 in Salzgitter, studierte Germanistik und Geschichte, in Göttingen und Braunschweig und promovierte 1978 mit einer interdisziplinären Dissertation über »Schiller im nationalsozialistischen Deutschland«. Nach bibliothekarischen Stationen in Wolfenbüttel, Köln und Hamburg wurde er 1987 Stellvertretender Direktor der Herzog August Bibliothek. Seit 2002 ist Ruppelt Direktor der Gottfried Wilhelm Leibniz Bibliothek in Hannover. Er war seit 1979 ehrenamtlich in der Kultur- und Berufspolitik tätig so u.a. als Vorsitzender der Stiftung Lesen, Vorsitzender des Deutschen Bibliotheksverbandes, Präsident von Bibliothek Information Deutschland, Vizepräsident des Deutschen Kulturrates und Zweiter Sprecher der Deutschen Literaturkonferenz. Seit 2015 ist er Mitglied des Fachbeirates des Deutschen Zentrums für Kulturgutverluste. Ehrungen: 2005 Bundesverdienstkreuz, 2014 Cord-Borgentrick-Stein der Landeshauptstadt Hannover und des Heimatbundes Niedersachsen; 2006 erschien der Ruppelt gewidmete Band »Aufbruch als Ziel«, 2012 »Erlebtes – Erlesenes – Erdachtes«. Er publizierte zahlreiche Monographien und Aufsätze zum Buch- und Bibliothekswesen, zur Kulturgeschichte und -politik, zur Literatur- und norddeutschen Regionalgeschichte sowie journalistische und belletristische Arbeit, zum Teil unter Pseudonym.

Martin Sabrow, geb. 1954 in Kiel, Studium der Geschichte, Germanistik und Politologie an den Universitäten Kiel und Marburg/Lahn, 1993 Promotion über »Der Rathenaumord: Rekonstruktion einer Verschwörung gegen die Republik von Weimar« in Geschichte an der Universität Freiburg. Von 1982 bis 1993 Studienrat in Berlin, 2000 Habilitation mit einer Studie zur DDR-Geschichtswissenschaft, von 1993 bis 2004 Mitarbeiter und seit 1996 Projektbereichsleiter am Zentrum für Zeithistorische Forschung (ZZF) Potsdam. Seit 2004 Direktor des ZZF, von 2004 bis 2009 Professor an der Universität Potsdam, seitdem Professor an der Humboldt-Universität zu Berlin. Zahlreiche Veröffentlichungen zu Themen der jüngsten Geschichte.

KLAUS G. SAUR, geb. 1941 in Pullach, Wissenschaftsverleger – zunächst mit dem Verlag »Dokumentation«, seit 1978 mit dem Verlag K. G. Saur. Er verlegte u. a. das »Gesamtverzeichnis des deutschsprachigen Schrifttums« von 1700 bis 1965 in 400 Bänden sowie das »Allgemeine Künstlerlexikon«, das auf inzwischen über 100 Bände angewachsen ist. 2005 bis 2008 Vorsitzender der Geschäftsführung beim Berliner Verlag de Gruyter und somit größter Wissenschaftsverleger Kontinentaleuropas. Seit Jahrzehnten vielfache leitende ehrenamtliche Tätigkeiten in Institutionen, Vereinen, Beiräten, Kommissionen und Verbänden. Träger hoher und höchster nationaler und internationaler staatlicher Ehrenzeichen und akademischer Würden.

PETER STEINBACH, geb. 1948, studierte an der Philipps-Universität in Marburg Geschichte, Philosophie und Politikwissenschaften. 1973 Promotion über Sozialstruktur und Industrialisierung im Fürstentum Lippe. Im Anschluss als Assistenzprofessor an der FU Berlin und Habilitation für Neuere Geschichte und Politikwissenschaften. Professuren in Passau, Berlin, Karlsruhe und Mannheim. Seit 1983 wissenschaftlicher Leiter der ständigen Ausstellung »Widerstand gegen den Nationalsozialismus« und seit 1989 wissenschaftlicher Leiter der Gedenkstätte Deutscher Widerstand in Berlin. Zahlreiche Veröffentlichungen zum Widerstand im Nationalsozialismus.

DR. JÜRGEN ZARUSKY, geb. 1958, studierte Geschichte, Germanistik und Politikwissenschaft an der Ludwig-Maximilians-Universität München und promovierte 1990 mit einer Arbeit über »Die deutschen Sozialdemokraten und das sowjetische Modell 1917–1933« bei Gerhard A. Ritter. Zarusky ist wissenschaftlicher Mitarbeiter am Institut für Zeitgeschichte (IfZ) in München und Stellv. Chefredakteur der Institutszeitschrift »Vierteljahrshefte für Zeitgeschichte«. Zarusky führt am IfZ ein Forschungsprojekt zur vergleichenden Untersuchung der *Politischen Justiz unter Lenin, Stalin und Hitler* durch. Seine Forschungsschwerpunkte bilden die Geschichte des Nationalsozialismus und Stalinismus sowie Totalitarismusforschung und Diktaturvergleich. U. a. publizierte Jürgen Zarusky (mit Hartmut Mehringer) 1998 »Widerstand als ›Hochverrat‹ 1933–1945. Die Verfahren gegen deutsche Reichsangehörige vor dem Reichsgericht, dem Volksgerichtshof und dem Reichskriegsgericht«.